Dr. rer. nat. Sigrun Zimmermann

Was unser Immunsystem schwächt

Versteckte Allergien, Gifte in den Lebensmitteln, zu starker Verzehr von säurebildenden Lebensmitteln, Schwermetalle, zngenügende Darmflora, Darmpilze, Amalgam... sind die stärksten Immunschwächer

Gesunde Ecke

2009

2. Auflage – Juli 2009

Sämtliche Angaben dieses Buches sind nicht zur Eigenbehandlung von Krankheiten, auch nicht als medizinische Beratung, gedacht. Bei allen Krankheiten ist in jedem Fall ein Arzt aufzusuchen.

Gesunde Ecke
c/o ChrisMedia GmbH
Robert-Bosch-Str. 10
35460 Staufenberg

www.luqs.de

Printed in Germany

ISBN 978-3-941708-73-0

Die Deutsche Bibliothek verzeichnet diese Publikation in der Deutschen Nationalbibliografie; detaillierte bibliografische Daten sind im Internet über http://dnb.ddb.de abrufbar.

Bestell-Nummer: 561 673

INHALT

EINLEITUNG

Das Immunsystem der meisten Menschen in den Industrienationen wird immer schwächer.

Die Ursachen sind vielfältig, zum Teil noch nicht erforscht.

Doch lassen sich Tendenzen feststellen, die hier zum ersten Mal in dieser Zusammenstellung veröffentlicht werden.

Konzentriert habe ich mich auf fünf Schwerpunkte:

- Da ist einmal die ***ungesunde Ernährung***, die vor allem eine ***Übersäuerung*** des Organismus zur Folge haben kann. Über dieses Thema wird in den nächsten Jahren verstärkt geforscht und geschrieben werden.
- Eng mit der Übersäuerung zusammen hängen die ***Lebensmittelallergien***, behandelt werden ***insbesondere die versteckten Allergien***.
- Ein weiterer immunschwächender Faktor, der eng mit der Fehlernährung zusammenhängt, ist der ***Darmpilz Candida***, dem leider immer noch zu wenig Aufmerksamkeit geschenkt wird. Wahrscheinlich leiden bereits ein Drittel aller Frauen in Deutschland darunter.
- In einem der folgenden Abschnitte wird der ***Einfluss der Schwermetalle*** behandelt, wobei wir dem ***Zahnamalgam*** noch besondere Aufmerksamkeit widmen werden. Die Auswirkungen der verschiedenen immunschwächenden Faktoren auf Körper und Seele sind ähnlich in den Symptomen. Deshalb kann bei Gesundheitsstörungen nicht sofort auf nur <u>eine</u> Ursache geschlossen werden, sondern es müssen ganzheitlich <u>alle immunschwächenden Bereiche</u> überprüft und gegebenenfalls behandelt werden, z. B. im Rahmen einer ärztlichen Therapie, eines Klinikaufenthaltes oder einer Stoffwechsel aufbauenden und Immunsystem stärkenden Ernährungs-Therapie.
- Nicht vergessen dürfen wir die erheblichen ***Einflüsse der persönlichen Lebensproblematik und der Depressionen*** auf das Immunsystem. In meiner Praxis habe ich in all den Jahren festgestellt, dass die beste und gesündeste Ernährung wenig nützt, um die

> Gesundheit langfristig wieder in den Griff zu bekommen, wenn nicht vorher die Psyche in Ordnung kommt. Das Tragische an der Situation ist, dass psychische Probleme nicht nur durch ungünstige Lebensumstände, Beziehungsprobleme oder einer ungelösten Lebensproblematik usw. entstehen können, sondern durch Fehlernährung, durch Stoffwechselstörungen und durch Gifte im Körper verursacht werden können.

Sie sehen, dass die meisten gesundheitlichen Schwierigkeiten in der Regel verschiedene Ursachen haben. Deshalb sollten Sie sowohl Ihren Arzt, als auch den Heilpraktiker, den Psychiater, den Ernährungsberater, den Spezialisten aus dem Fitness-Studio usw. zu Rate ziehen, um eine Lösung Ihres Problems herbeizuführen.

Alle angesprochenen Probleme machen jenen Menschen weniger aus, die sich stoffwechselaktiv ernähren. Das heißt abwechslungsreich, wenig tierische Eiweiße, ausreichend Flüssigkeit, genügend ungesättigte Fette, reichlich Vitamine und Mineralstoffe. Ferner gehört zu einer Stoffwechsel anregenden Lebensweise dazu, dass Sie Alkohol und Süßigkeiten radikal reduzieren.

DIE VERSTECKTEN LEBENSMITTEL-ALLERGIEN

Essen Sie sich gesund

Wussten Sie, dass 98 Prozent aller Deutschen Allergien haben, ohne es zu wissen? Wenn unsere Patienten Blut abnehmen lassen und in einem cytotoxischen Labor Reaktionen auf Lebensmittel untersuchen lassen, haben nahezu alle von Ihnen allergische Reaktionen auf mindestens 8 bis 15 verschiedene Lebensmittel.

Allergien sind ein Hinweis auf die Überforderung des Immunsystems. Meist werden sie durch Umweltbelastung und Lebensmittel hervorgerufen. Die meisten Menschen haben mehrere Allergien gleichzeitig. Oft sind auch Familienangehörige betroffen.

Eine Allergie ist eine erworbene, keine angeborene Reaktionsweise des Körpers, eine Überreaktion des Immunsystems bei Überlastung. Dass in Familien oft mehrere Allergiker anzutreffen sind, liegt an gemeinsamen Gewohnheiten bzw. Neigungen und an erblichen Grundveranlagungen.

Lebensmittel-Allergien werden vor allem durch den Verzehr immer des gleichen Lebensmittels über mehrere Jahre, ja Jahrzehnte hinweg, hervorgerufen. Von Kind an wird z.B. täglich mehrmals etwas aus Weizen oder Milch gegessen. Der Körper bekommt nie eine Pause, um sich von den Resten zu entledigen. Kommen dann noch weitere Stressfaktoren hinzu, gibt es eine Abwehrreaktion des Immunsystems gegen normalerweise gesunde Nahrungsmittel. Bei einer Allergie wurde oft bereits Jahre vorher der Grund gelegt. Körperliche Puffersysteme und Nährstoffreserven konnten allerdings den Ausbruch Jahre oder Jahrzehnte hinauszögern. Auch tragen industriell veredelte Nahrungsmittel, Zusatzstoffe und der Medikamentenmissbrauch eine nicht unerhebliche Mitschuld an dieser Entwicklung, weil sie eine zusätzliche Belastung darstellen.

Weit häufiger als die offene Allergie ist die versteckte Allergie. Schlechtes körperliches und geistiges Wohlbefinden bringt man normalerweise nicht mit einer Allergie in Zusammenhang. Hier spricht man von einer versteckten (maskierten) Allergie im Gegensatz zu der offenen Allergie, die äußerlich sichtbar wird durch Ausschlag, Schwellung, Schnupfen usw.

Chemische Stoffe und bestimmte Nahrungsmittel können an Störungen wie Depressionen, Migräne, Psychosen, Angstgefühlen, Schlafstörungen und vielem mehr mitverantwortlich sein. Auch die Hyperaktivität der Kinder ist auf Allergien, häufig auf Überlastung des Organismus mit Phosphat, zurückzuführen. Phosphat kommt in hoher Konzentration in Schokolade und Süßigkeiten, aber auch in Weißmehlprodukten (z. B. Keksen, Fertigpudding u. a.), oder auch in Würstchen vor.

Weizen und Kuhmilch gehören zu den kritischen Nahrungsmitteln der Allergiker, gefolgt von Konservierungsstoffen, Kaffee, Alkohol, Schokolade, Eiern, Zucker, Hefe und Orangen.

Über 80 Prozent aller Allergien sind auf Lebensmittel zurückzuführen.

Wegen der rapiden Zunahme der Allergien ist eine nährstoffreiche Kost mit hohen Anteilen an Calcium, Pantothensäure, Zink, Vitamin C, Mangan, Vitaminen D und E, Vitaminen aus dem B-Komplex, Blütenpollen und Pepsin erforderlich.

Mehr als ein Drittel der Deutschen leiden unter den sich erschreckend rasch ausbreitenden Allergien. Schuld daran tragen neben der oben genannten Fehlernährung Stoffe aus der Umwelt, künstliche oder chemische Substanzen, toxische Metalle, Bestandteile von Pflanzen, Tieren und Lebensmitteln. Denken wir nur an Düngemittel, Schädlings- und Unkrautvertilgungsmittel, aber auch an Substanzen in Kosmetika, Reinigungsmitteln oder in Arzneimitteln.

Abwechslungsreiche Kost, Haaranalysen mit anschließender Ernährungsumstellung sowie die Zuhilfenahme der orthomolekularen Medizin können Erleichterung bis Heilung bringen.

Auch Saftfasten hat gute Erfolge bei Allergikern gebracht. Lassen Sie sich von einem Allergie-Spezialisten beraten.

Heißhunger auf ein bestimmtes Lebensmittel ist oft der Hinweis, dass der Betroffene gerade gegen dieses Lebensmittel allergisch ist. Dies ist eine besonders tragische Form einer versteckten Allergie, da durch die Befriedigung des Heißhungers (sehr häufig Schokolade) erst einmal ein gutes Gefühl, nicht selten ein Hochgefühl, entsteht. Ähnliches gilt für Alkohol. Je stärker die negativen Einflüsse auf den Körper, desto größer die Sucht.

Durch den Genuss von Süßigkeiten (Schokolade, Bonbons, gesüßte Getränke, Riegel usw.) wird sehr viel Vitamin B1 verbraucht (verstoffwechselt), denn Zucker ist vitamin- und mineralstofffrei. Da der Körper jedoch nicht in der Lage ist, seinen Wunsch nach B1 zu äußern, greift er instinktiv immer wieder nach genau dem Stoff, der ihm Vitamin B1 entzogen hat. Dieser Teufelskreis kann - viele Patienten konnten dies feststellen - durchbrochen werden, wenn dem Körper über eine gewisse Zeit Vitamine aus dem B-Komplex mit einem optimalen Anteil an Vitamin B1 zugeführt werden. Bereits nach 14 Tagen verliert der Patient die Süßigkeiten-Sucht. Nach einigen Monaten ist das Verlangen fast völlig erloschen.

Eine große Rolle spielt auch der Stress. Durch Stress wird, falls nicht vitamin-B-haltige Kost gegessen wird, die körpereigene Cortisonproduktion (Cortisol) vorzeitig vermindert. Die Nebennieren benötigen zur Cortisonproduktion reichlich Nährstoffe, besonders auch Pantothensäure. Cortison wirkt allergischen Reaktionen, Entzündungen und allgemeinen Schäden entgegen. Pantothensäure, ein Vitamin aus dem B-Komplex hat stimulierenden Einfluss auf die Nebennierenrinde, die dann das körpereigene Cortison produziert. Vitaminreich ernährte Menschen benötigen nur in seltenen Fällen Cortison.

Interessant sind die neuesten Untersuchungen, die einen Zusammenhang zwischen niedrigem Blutdruck und der langsamen Erschöpfung der Nebennieren auf Grund von Überlastung vermuten lassen. Cortisonbehandelte Patienten haben oft Allergien und auch einen niedrigen oder schwankenden Blutdruck.

Wenn bei Lebensmittelallergien die krankmachenden Nahrungsmittel analysiert und anschließend eliminiert werden, können über 80 Prozent der Patienten geheilt werden.

Lebensmittel-Allergien lassen sich gut mit einer speziellen Diät und dem Pulsbeschleunigungs-Test selbst ermitteln. Durch die üblichen und bekannten Hauttests werden Nahrungsmittel nicht so gut erfasst. Der cytotoxologische Bluttest ist dagegen hochempfindlich, doch wird er nicht allgemein anerkannt. Eine Möglichkeit zur Stärkung des Immunsystems ist die von mir entwickelte „Orthomolekulare Ernährungs-Therapie“ oder die „Zellstoffwechsel-Kur“.

Es ist für den Allergiker wichtig, dass er als Erstes seine Allergie-Auslöser kennen lernt und sie zukünftig meidet. Im nächsten Abschnitt muss er dann dafür Sorge tragen, dass sein Immunsystem wieder aufgebaut wird, da sonst neue Allergie-Auslöser mit anderen Stoffen folgen können.

Methoden der Behandlung

In der Regel werden zu Bekämpfung einer Allergie Medikamente angewandt, die die Reaktionsübermittlung blockieren bzw. die Entzündungen hemmen.

Eine weitere Methode ist die Desensibilisierung, die allerdings, wenn nicht sachgerecht durchgeführt, zu lebensbedrohenden Schockzuständen führen kann.

Kinder und Erwachsene, die als Babys sehr lange gestillt wurden, haben weniger Allergien.

Die Abwehrreaktion des Körpers gegen Fremdstoffe ist an sich etwas völlig Normales, ja sogar etwas Notwendiges. Krankhaft ist lediglich die Überreaktion, wobei praktisch das Immunsystem kapituliert und nicht mehr weiß, wie es mit den schädlichen Eindringlingen fertig werden soll.

In vielen Fällen konnten heftige Reaktionen stark vermindert werden, wenn der Betreffende seine Ernährung etwas umgestellt hat. Dazu gehört Verzicht auf denaturierte Nahrung wie Produkte aus weißem Mehl und raffiniertem Zucker, sowie eine Reduzierung von tierischen Eiweißen. Günstig ist die Ergänzung der Nahrung mit Vitaminen C, E und B, Zink, Selen sowie anderen Mineralstoffen. Vor allem muss eine eventuelle Übersäuerung abgebaut werden (siehe weiter hinten).

Ausgeglichen leben lernen

Oft sind Stresssituationen Auslöser für eine Allergie, was darauf hinweist, dass Stress, Sorgen, Probleme ebenfalls das Immunsystem schwächen.

Überall in der Welt suchen Wissenschaftler nach Lösungen, wie der Immunstatus des Menschen, vor allem in den Industrienationen, verbessert werden kann.

Allergien werden auch häufig durch chronische Entzündungsherde ausgelöst. Mit Cortison versucht man dann, die Entzündungen herunterzuregulieren. Das Quecksilber aus dem Zahnamalgam kann einer der Verursacher sein (siehe auch Abschnitt „Amalgam“ weiter unten).

Die Nahrungsmittel-Allergien

Eine besondere Belastung bilden die Lebensmittel-Allergien. Dabei hat der Körper wahrscheinlich die Fähigkeit verloren, bestimmte Substanzen aus der Nahrung ordentlich abzubauen, wird aber immer wieder damit gefüttert.

Es ist allerdings herauszufinden, ob der Körper gegen ein bestimmtes Lebensmittel selbst, oder gegen einen Zusatz (z. B. Konservierungsstoff, Farbstoff, Geschmacksverstärker usw.) allergisch reagiert.

Im letzteren Fall hilft die Gegensensibilisierung, bei der eine Stammlösung hergestellt wird, die der Patient dann in verschiedenen Verdünnungen einnimmt.

Die schädlichen Stoffe werden nämlich durch die Zugabe von entsprechenden Substanzen verändert, was heißt, dass der Organismus sich an das Allergen gewöhnt. Bei dieser Art der Behandlung treten in der Regel auch nicht die gefährlichen Komplikationen auf. Ihr Arzt kann Sie hier beraten.

Bei einer Allergie gegen bestimmte Substanzen in der Nahrung selbst wird es schon schwieriger, da diese oft schwer zu erkennen sind.

Würden Sie einen Zusammenhang vermuten, dass ein Migräneanfall am Dienstag Nachmittag mit den beiden Eiern, die Sie am Montag zum Frühstück gegessen haben, zusammenhängt? Oder dass ein herrliches Fondue-Essen nach zwei Stunden Asthma auslösen kann? Sicher nicht. Und doch gibt es hunderte von verschiedensten Reaktionen.

Wussten Sie, dass etwa 60 Prozent aller Kopfschmerzen auf Lebensmittel-Allergien bzw. auf Quecksilbervergiftung auf Grund der Amalgamfüllungen in den Zähnen zurückzuführen sind?

Eine Milchallergie kann z. B. die Ursache für besondere Müdigkeit nach dem Frühstück sein. Manchmal ist das so wertvolle Lebensmittel Milch auch Ursache für Asthma.

Oder vielleicht suchen Sie nach der Ursache Ihrer immer wieder ausbrechenden Depression?

Das Auffinden von vermuteten Lebensmittel-Allergien war bislang langwierig, die Ergebnisse oft nicht befriedigend.

Diese Schrift gibt Ihnen Hilfen, wie Sie selbst hinter die Heimtücke von bestimmten, oft sogar auch gesunden und wohlschmeckenden Lebensmitteln kommen können.

Der so genannte ***Heißhunger*** auf bestimmte Nahrungsmittel, meistens Süßigkeiten, ist fast immer ein Indiz auf eine Lebensmittel-Allergie.

Allergie-Symptome

Folgende Symptome können auf Lebensmittel-Allergien hinweisen:

- Aggressivität
- Akne
- Alkoholismus/ Sucht
- Angstzustände/ Panik
- Asthma
- benebeltes Bewusstsein
- Blähungen
- Depressionen
- Erschöpfung
- geistige Trägheit
- Gelenkschmerzen
- geschwollene Füße
- Gewichtsprobleme
- Hämorrhoiden
- alle Hautausschläge
- Heißhunger
- Herzklopfen
- Juckreiz
- kalte Hände, kalte Füße
- Konzentrationsschwäche
- Kopfschmerzen
- alle Magen-Darmprobleme
- Menstruationsprobleme
- Migräne
- Müdigkeit
- Muskelschmerzen
- Nervosität
- Neurodermitis
- Ödeme an verschiedenen Körperstellen
- Pulsjagen
- Reizbarkeit
- Schlafstörungen
- Schnupfen (Heuschnupfen)
- Schweißausbrüche
- Schwindelgefühle
- Sehstörungen

- Süßigkeitensucht
- Übelkeit
- Überaktivität, Unruhe
- Übergewicht
- Zittern

Treffen einzelne dieser Reaktionen auf Sie zu, sollten Sie sich sofort gründlich beraten lassen. Möglicherweise liegt dann eine versteckte Lebensmittel-Allergie vor (siehe auch meine Schrift „Sich täglich gut fühlen“).

Viele der hier genannten körperlichen und psychischen Störungen müssen nicht allergischen Ursprung haben. Sie können auch auf einen Mangel an essentiellen Nährstoffen hinweisen. Kopfschmerzen können z. B. auch durch die Ergänzung der Nahrung mit Eisen, Vitamin B, Magnesium und Selen verschwinden. Manch einer meiner Patienten hat nur deshalb Kopfschmerzen, weil er einfach zu wenig trinkt. Lebensmittel-Allergien hängen mit Nährstoffmängeln eng zusammen. Ehe Sie die unten beschriebene Diät durchführen, sollten Sie als Erstes Ihre Ernährung- und Gesundheitssituation durchchecken lassen, um herauszufinden, welcher immunschwächenden Faktoren für Ihre Beschwerden verantwortlich sein könnten.

Das eigentliche Problem bei den versteckten (maskierten) Lebensmittel-Allergien ist, dass man meist gerade gegen diejenigen Lebensmittel allergisch ist, die uns besonders gut schmecken, die wir täglich essen und trinken. Auch sind unter den meisten Allergie-Auslösern gesunde Lebensmittel wie Weizen, Hefe, Milch, Eier, Nüsse.

Wer irgendeine Allergie an sich beobachtet hat (z. B. Pollen, Katzenhaare, Hausstaub), ist mit ziemlicher Sicherheit auch gegen etliche Nahrungsmittel allergisch, ohne es zu merken und zu wissen.

Die häufigsten Allergie-Auslöser

In abnehmender Reihenfolge sind hier die häufigsten Allergie-Auslöser genannt:

1. Weizen
2. Weizenprodukte
3. Kuhmilch
4. Milchprodukte
5. Schokolade und Kakao
6. Kaffee
7. Alkohol
8. Eier
9. Zucker
10. chemische Zusätze
11. Bier- und Bäcker-Hefe
12. Schweinefleisch und -wurst
13. Zitrusfrüchte (Orangen)
14. schwarzer Tee
15. Erdnüsse, Nüsse
16. Hafer, Roggen, Gerste
17. Zwiebeln, Tomaten
18. Äpfel, Bananen
19. Hühnerfleisch, Rindfleisch
20. Thunfisch, Forelle, Hering usw.

Wie kommt man zur Nahrungsmittel-Allergie

Man kann es am besten so erklären:

Jedes Lebensmittel, das Sie zu sich nehmen, benötigt zur vollständigen Verstoffwechselung mindestens 48 Stunden. Erst nach dieser Zeit wurden die guten Stoffe in den Stoffwechsel aufgenommen und die nicht verwertbaren Stoffe ausgeschieden. Kritisch wird es aber, wenn Sie nun tagaus, tagein immer wieder das gleiche Lebensmittel essen.

Nehmen wir einmal an: Weizen. Wenn Sie genau darüber nachdenken, gab es in der Vergangenheit kaum einen Tag, an dem Sie nicht irgendetwas aus Weizen gegessen haben: z. B. Brot, Brötchen, Gebäck, Kekse, Salzstangen, Toast, Nudeln, Pizza, usw. Der Körper hatte nie die Möglichkeit, wenigstens einmal seine Weizenschlacken vollständig loszuwerden, im Gegenteil, täglich wurden neue dazugefügt. Die Folge ist, dass er sich zur Wehr setzt und reagiert.

In einem Spezial-Bluttest kann die Reaktion unter dem Mikroskop bei den verschiedenen Lebensmitteln beobachtet werden (cytotoxologischer Bluttest).

Durch größtmögliche Abwechslung im Speiseplan und mehrtägige Pausen für jedes Grundnahrungsmittel würde einer Lebensmittel-Allergie vorgebeugt werden und eine bestehende Reaktion besser ausheilen können. Am besten ist die so genannte Rotations- oder Wechseldiät, bei der vier Tage lang jeden Tag etwas ganz anderes gegessen wird, so dass für alle Zutaten mindestens drei Tage Pause entstehen.

Buchempfehlung: A. Calatin, *Die Rotations-Diät*, Heyne Taschenbuch.

* * *

In vielen Völkern wird die sinnvolle Tradition des Fastens gepflegt, was generell, richtig durchgeführt, zu einer Entschlackung und damit Entlastung des Körpers führt.

Je länger man ein einmal erkanntes Allergen meidet, desto schneller regeneriert der Körper, so dass man bald die kritischen Lebensmittel in Maßen wieder essen kann.

Wenn man nur einige Wochen seinen Speise- und Getränkeplan – diese Eliminierungs-Diät – konsequent einhält, fühlt man sich wohler, ist gut gelaunt und fit.

Viele Patienten haben große Schwierigkeiten, auf die Allergie-Auslöser zu verzichten. Denn auf fast alle allergieauslösenden Lebensmittel hat der Körper eine Sucht entwickelt. Das heißt, wird ihm „der Stoff", an den er sich ein Leben lang gewöhnt hat, entzogen, fühlt sich der Mensch unruhig, das Allgemeinbefinden wird vorübergehend schlechter. Meist wird dann die Therapie abgebrochen, auf die „normale" Ernährung wieder umgestiegen und sofort fühlt man sich wieder wohl.

Die Entzugserscheinungen sind ähnlich denen des Alkoholismus. Man hat ein wahnsinniges Verlangen nach dem, was wir uns entzogen haben und „fühlen" und erst dann wieder „wohl" wenn wir uns dieses Lebensmittel zugeführt haben („wonach der Körper Verlangen zeigt, das kann doch nicht ungesund sein?“). Also bringt uns genau das Lebensmittel, wonach wir uns sehnen die Schwierigkeiten. Forscher bezeichnen die Menschen in den Industrienationen als Sucht-Völker. Man kann also nicht nur eine Sucht nach Alkohol entwickeln, sondern auch nach Schweinefleisch, zu Süßigkeiten (Schokolade), aber auch nach Brot, Milch usw.

Versuchen Sie doch einmal einem eingefleischten Kaffeetrinker klarzumachen, dass er einmal freiwillig eine gewisse Zeit auf dieses „braune Lebenswasser“ verzichten soll. Sie glauben gar nicht, wie Lebensmittel-Allergiker, die diese „Eliminierungs-Diät“ einhalten sollten, um einfach ihre vielfältigen Beschwerden loszuwerden, sehnsüchtig nach einem „richtigen Essen“ verlangen.

Selbst das gesündeste Lebensmittel kann zu Gift für den Körper werden, wenn es ununterbrochen und in zu hohen Mengen zugeführt wird.

Sie sollten sich also erst dann intensiv mit dieser Diät befassen, wenn Sie Ihr volles Ja dazu sagen.

Als Allergie-Kranker zum Psychiater?

Mehr als 20 Millionen Bundesbürger sollen schon einmal eine Allergie gehabt haben. Rund 15 Prozent leiden ständig oder zumindest unregelmäßig darunter.

Leicht stuft man die allergischen Gesundheitsstörungen als „seelisch krank“ ein, da die Ursachen z. B. durch die üblichen Blutuntersuchungen nicht feststellbar sind.

Als psychosomatisch werden all jene Patienten eingestuft, die über gesundheitliche Störungen klagen, ohne dass sich entsprechende Befunde erheben lassen. Die sog. „vegetative Dystonie“ gehört ebenfalls in diese Kategorie. Bei sämtlichen psychischen Störungen sollten Lebensmittel-Allergien in Betracht gezogen werden.

Wie erkennt man Lebensmittel-Allergien

Werden die allergieverdächtigen Lebensmittel fünf Tage lang gemieden und dann wieder gegessen, treten akute und leicht erkennbare Symptome innerhalb von Minuten oder einer bis zwei Stunden auf. Die Reaktion würde dann noch verstärkt werden, wenn Sie fünf Tage lang total fasten könnten.

Die Vorbereitung zum Diättest kann auf vier verschiedene Weisen durchgeführt werden. Die Ergebnisse sind im ersten Fall (1) am genauesten, weil alle Lebensmittel und Getränke geprüft werden.

- Fünf Tage lang Null-Diät mit Mineralwasser oder Saft-/Teefasten (möglichst unter Aufsicht eines Arztes)
  oder
- Fünf Tage lang alle auf Seite 13 beschriebenen Lebensmittel (1-20) weglassen
  oder
- Fünf Tage lang nur die kritischen Lebensmittel (1-12) auf der Seite 13 weglassen
  oder
- Fünf Tage lang nur das weglassen, auf das Verdacht besteht (z. B. Schokolade, Zucker, Erdbeeren)

Diese 4. Methode ist am wenigsten genau und nicht sehr zuverlässig. Nach Möglichkeit sollte die 3. Methode gewählt werden, wenn 1. und 2. nicht zumutbar sind.

Während dieser Eliminierungs-Diät ist sonst selten gegessenes Gemüse, Obst und Fleisch zu bevorzugen, auch Hirsebrei und Buchweizengrütze.

Ab dem 6. Tag wird jeweils nüchtern (am besten am frühen Abend) eine große Portion eines zu testenden Nahrungsmittels ohne irgendwelche Beilagen oder Zusätze außer Wasser gegessen bzw. getrunken und die Reaktion protokolliert.

Körperliche Symptome (z. B. Übelkeit, Aufstoßen, Blähungen, Schwindel, Zittern), seelische Stimmungsänderungen und die Pulsfrequenz vor und nach dem Essen (Erhöhung der Pulsfrequenz um mindestens acht Schläge pro Minute, Messung nach 15, 30 und 60 Minuten) geben Aufschluss, ob eine Unverträglichkeit vorliegt.

Erfolgt keine auffällige Reaktion, kann das getestete Nahrungsmittel im weiteren Verlauf des Tests wieder normal gegessen oder getrunken werden. Ist allerdings eine Reaktion festzustellen, kommt es auf die „Schwarze Liste“ und muss in Zukunft mindestens zwei Monate gänzlich gemieden werden.

Wichtig ist, dass jeden Tag nur ein bis zwei neue Lebensmittel einzeln getestet werden, z. B. morgens nur Kaffee ohne Zucker und Milch und abends nur Roggenbrot ohne Belag und nicht mit Hefe gebacken, auch nicht mit Weizen vermischt.

Etwa zwei Stunden nach einer Testmahlzeit darf wieder etwas anderes gegessen werden.

Wenn Sie Lebensmittel-Zusätze separat testen wollen, muss z. B. Weizen das erste Mal aus biologischem Anbau sein, das zweite Mal nimmt man dann Brot aus dem Supermarkt mit Konservierungsstoffen.

Immer sollten Sie die Etiketten genau beachten!!

Das süchtige Volk und seine Entzugserscheinungen

In den ersten Tagen des Fastens bzw. Weglassens können schwere Entzugserscheinungen auftreten (z. B. Depressionen, Kopfschmerzen), die aber spätestens nach drei Tagen verschwinden.

Unangenehme Reaktionen, auch beim Wiedereinführungs-Test, können durch ein stark basisches Getränk (Gemüsesaft, Natronwasser oder Rebasit aus der Apotheke) gemildert werden.

Der nächste Test kann erst nach Abklingen aller Beschwerden erfolgen.

Da die meisten Allergiker ein insgesamt geschwächtes Immunsystem haben, sollten nach oder besser schon während der Allergie-Diät

1. der Stoffwechsel und das Immunsystem mit hochkonzentrierten Nährstoffen wieder grundlegend gestärkt und aufgebaut,
2. ein Candida-Stuhl-Test und
3. eine Haar-Mineral-Analyse durchgeführt werden.

Patienten mit besonders schweren körperlichen und psychischen Allergie-Symptomen empfehle ich eine orthomolekulare Aufbau-Therapie über den Zeitraum von 2–3 Jahren durchzuführen.

Das heißt, es wird dafür gesorgt, dass man während dieser Zeit alle Nährstoffe für die Stoffwechselaktivierung in der *richtigen Menge* und im *richtigen Verhältnis* bekommt – je nach Alter, Geschlecht, Gewicht, Beanspruchung usw. Der Patient fühlt sich bereits nach wenigen Wochen stabiler, leistungsfähiger und sein Wohlbefinden verbessert sich merklich.

ÜBERSÄUERUNG

Auf dem schwierigen Weg zum Säure-Basen-Gleichgewicht

Übersäuerung des Körpers ist der eigentliche Grund für fast alle Krankheiten. Wenn Sie z. B. oft erkältet sind, liegt höchstwahrscheinlich eine Übersäuerung vor. Basische Menschen stecken sich fast nie an. Auch die meisten schweren Krankheiten wie Rheuma oder Krebs, gedeihen besonders gut in einem sauren Milieu.

Es gibt z. B. Naturheilärzte, die meinen, dass die Krankheit Krebs in einem basischen Milieu nicht denkbar wäre.

Wahrscheinlich leiden 90 Prozent aller Deutschen zumindest unter einer leichten Übersäuerung (Acidose).

Alle Organe, Gewebe (vor allem das Bindegewebe) und Funktionssysteme werden augenscheinlich durch Säuerung beeinträchtigt, wenn der Gewebe-pH-Wert unter dem Wert des biologischen Gleichgewichts von pH 7,4 liegt.

Nicht nur körperliches, auch seelisches Unwohlsein ist eine Folge der Übersäuerung. Man sagt deshalb auch im Volksmund: Dieser Mensch ist heute „sauer". Man meint damit, er ist schlecht aufgelegt, mit ihm ist heute nichts anzufangen. Tatsächlich kann in solch einer Situation eine akute Übersäuerung vorliegen.

Ein sicheres Zeichen einer Übersäuerung liegt vor, wenn Sie stark unter Körpergeruch, Schweißfüßen und Schwindelgefühlen leiden.

Übersäuerung kommt durch verschiedene Faktoren zustande:

1. Einmal werden durch Stress und Krankheiten mehr Nährstoffe verbraucht, zum anderen werden zu viele säurebildende Lebensmittel verzehrt: Getreide, tierische Eiweiße (vor allem Fleisch), Kaffee, Süßigkeiten, Alkohol usw.

2. Nahezu jedes *Medikament* führt zu einer Erhöhung des Säureniveaus, da die zur Basenbildung notwendigen Nährstoffe (Mineralstoffe) in erhöhtem Maße verbraucht werden.

Säurebildende Elemente sind vor allem Chlor, Phosphor und Schwefel.

Basenbildende Elemente sind die Elektrolyte Natrium, Kalium, Calcium und Magnesium bzw. alle Mineralstoffe.

Zellverschlackung, eine Folge der Übersäuerung, führt zu Sauerstoffmangel und hat vorzeitige Alterung zur Folge. Das vorzeitige Altern ist also eine Stoffwechselkrankheit. Entsäuerung führt zu einem gesunden Stoffwechsel, indem durch die Zellmembran Schlacken schneller nach außen befördert werden und dafür wichtige Nähr- und Betriebsstoffe in das Zellinnere dringen können. Bereits in den ersten Lebensjahren beginnt die Einlagerung von Abfallprodukten.

Verschlackung bereits bei jungen Menschen

Praktisch von Kindheit an haben sich in und besonders zwischen den Körperzellen Schlacken angesammelt. Dies geschah dadurch, dass der Körper selten alle über die Nahrung zugeführten Bestandteile optimal verstoffwechseln konnte, weil ihm Vitalstoffe, ganz besonders Mineralstoffe in ausreichender Menge fehlten. Eine Übersäuerung und Schadstoffablagerung ist eingetreten. Man rechnet bei ungünstiger Ernährung mit ca. einem Gramm Schlackenablagerung pro Tag, das sind z. B. 3,6 kg in zehn Jahren.

Es konnte durch eine strenge Entschlackungskur bewiesen werden, dass 50 Prozent der körperlichen Strukturen einer 50-jährigen Person aus Schlacken bestehen können (50x365 Gramm = 18 kg und ebensoviel darin gebundenes Wasser).

Besonders hohe Verschlackung findet man schon bei 30-jährigen, die gerne Fleisch essen, also sehr viel tierisches Eiweiß zu sich nehmen.

Wir nehmen normalerweise sehr viel mehr säurebildende Lebensmittel zu uns als basenbildende. Damit ist jedoch nicht gesagt, dass säurebildende Nahrung nicht gesund ist – im Gegenteil, auch säurebildende Nahrung wird für einen gesunden Stoffwechsel ebenso benötigt wie basenbildende. Nur sollten die Verhältnisse stimmen.

Das ideale Verhältnis ist 1:5 bis 1:7. „1:7“ heißt: Ein Teil säurebildende und sieben Teile basenbildende Lebensmittel. Dies wird jedoch in den seltensten Fällen erreicht.

Der Organismus benötigt auch Säuren, die durch die Verbrennung zur Energiegewinnung beitragen. Ein pH-Wert von 7 bis 7,4 ist neutral und ideal; er schwankt tagsüber stark, kann bis auf fünf heruntergehen, aber sollte mehrmals am Tag auch über sieben erreichen (gemessen am Urin).

Es darf also nicht heißen, Säure sei schlecht und Basen dagegen gut.

Üblicherweise wird nur der pH-Wert des Blutes gemessen. Zu saures Blut wird dickflüssig, bewirkt Durchblutungsstörungen und die Gefahr von Hirn- und Herzinfarkt. Das Blut ist von Natur aus gut gepuffert und der pH-Wert ist in der Regel gut. Das Blut hat also Vorrang, es versorgt sich mit Mineralstoffen, um dünnflüssig zu bleiben. Müssen Sie allerdings blutverdünnende Mittel einnehmen, ist es allerhöchste Zeit, dass Sie sich mit Entsäuerung beschäftigen, da Sie in solchem Fall gesundheitlich aufs Höchste gefährdet sind.

Da das Blut erst dann Aufschluss gibt über eine Übersäuerung, wenn es schon fast „zu spät" ist, sollte man besser das Gewebe überprüfen. Bestimmte man den Säure-Basen-Wert im Gewebe, wäre eine Übersäuerung bei den meisten Menschen sofort offensichtlich, obwohl sie im Blut nicht zu erkennen wäre. Eine Acidose (Übersäuerung) des Gewebes spiegelt sich im Urin wider. Deshalb ist eine Urinmessung besser als eine Blutuntersuchung. Vor allem können Sie eine Urinmessung selbst vornehmen (siehe weiter unten).

Da fast alle Stoffwechselvorgänge in einem alkalischen (basischen) Milieu besser ablaufen, sollten Sie in den nächsten Wochen mit der Entschlackung und Entsäuerung beginnen. Vielleicht fragen Sie sich, warum der Körper dies nicht von sich aus tut.

Dabei ist zu sagen, dass ein Basenüberschuss z. B. sehr gut über die Nieren abgebaut werden kann. Ein Säureüberschuss kann dagegen leider nur schwer über die Nieren abgebaut werden, und dann nur bis zu einem pH-Wert von 4,5. Alle anderen Säuren, die nicht verbrannt werden, müssen durch Basen (Mineralstoffe) neutralisiert werden, damit sie über Nieren als Neutralsalze wieder ausgeschieden werden. Ein Teil wird mit der Kohlensäure über Lunge und Haut ausgeatmet.

Hier stellt man fest, dass sich der Körper seine Ausscheidung über Lunge und Haut am liebsten in der Nacht, während des Schlafes vornimmt. Am stärksten befreit sich der Körper von Säure in den Morgenstunden, kurz vor dem Aufwachen.

Übersäuerte Menschen brauchen eigentlich immer mehr Schlaf und fühlen sich nach dem Aufstehen dennoch „wie gerädert".

Basische Menschen stehen sofort nach dem Aufwachen auf und sind fit.

Stark übersäuerte Menschen sollten also ausreichend schlafen, um dem Körper die Möglichkeit zu geben zu entschlacken und das Immunsystem einigermaßen zu regenerieren.

Unangenehmer Körpergeruch und Mundgeruch sind oft auf diese Ausscheidung zurückzuführen. Auch ist bei einem Fieberkranken im Krankenzimmer oft ein säuerlicher Geruch festzustellen, was ebenfalls auf eine erhöhte Tätigkeit des Körpers, seine überschüssige Säure loszuwerden, hinweist. Mit Einläufen hilft man ebenfalls dem Körper, sich seiner Säuren zu entledigen.

Es würde den Rahmen dieser Schrift sprengen, wenn ich Ihnen alle Zusammenhänge zum Thema Übersäuerung darstellen wollte. Ausführliche Hinweise zum Thema Übersäuerung bietet das Lehrbuch der Heilpraktikerin Ingeborg Oetinger unter Mitarbeit Siegfried Beck *Durch Entsäuerung zu seelischer und körperlicher Gesundheit. Säure-Basen-Harmonie verhütet Zivilisationskrankheiten.*

In diesem Buch finden Sie auch ein ausführliches Entsäuerungs- und Entschlackungsprogramm.

Es ist prinzipiell möglich, alle Rückstände zu beseitigen und durch richtige, vollwertige, mineralstoffreiche Aufbaukost lebendiges, straffes, junges Gewebe aufzubauen. Man wird gegen alle Krankheiten viel resistenter.

Gute Erfolge wurden bei Patienten erzielt, die eine *Orthomolekulare Ernährungstherapie* durchführten. In diese Therapie ist systematische Entsäuerung eingeschlossen.

Wie wird entsäuert

Nachdem Sie einen Monat lang versucht haben, sich etwas basenreicher zu ernähren, sollten Sie mit einem Testpapier, das Sie in Ihrer Apotheke erhalten (z. B. Indikatorstäbchen von *Merck* oder *Rebasit*-Indikatorpapier), Ihren ersten Morgen-Urin auf Säure/Basen messen.

Halten Sie ein Stück Indikator-Papier (evtl. mit Pinzette) kurz in den Strahl des ersten Morgenurins und stellen an der Farbskala den pH-Wert fest. Sollten Sie die Toilette auch nachts aufsuchen, so verwenden Sie jenen Harn, der sich zwischen 4:00 und 7:00 Uhr bildet.

Je saurer nun ihr Urin ist, desto niedriger die pH-Messzahl (helle Papierfärbung).

Die meisten von Ihnen werden feststellen, dass trotz gezielter Zufuhr von meist basischen Lebensmitteln die Färbung des Papiers nicht den Idealwert von 7,4 erreicht.

Messen Sie jedoch Werte, die bereits zwischen 7 und 8 liegen, so wiederholen Sie diese Messung an den nächsten drei Tagen. Messen Sie auch weiterhin so hohe Werte, liegt wahrscheinlich eine „Blockade der Säure-

Ausscheidung" vor, die dann aufgelöst werden muss. Dabei sollten Sie, wie auch für die gesamte Durchführung der Entsäuerung, ebenso Ihren Arzt zu Rate ziehen.

Wenn Sie unter einer Nierenfunktionsstörung leiden, wobei Sie ohne Medikamente kein Wasser lassen können, dürfen Sie diese Art der im Folgenden beschriebenen Entschlackung *nicht* wählen.

Auch wenn Sie eine Schilddrüsenoperation hatten, oder bestimmte Diuretika einnehmen, sollten Sie in jedem Fall Ihren Arzt befragen. Auf keinen Fall eigenmächtig entsäuern! Trifft jedoch keine dieser Eventualitäten zu, können Sie die Blockade in der Regel selbst auflösen (hier sei nochmals auf das Buch von Ingeborg Oetinger hingewiesen).

Wann wird entsäuert

Wenn Sie dann einen pH-Wert zwischen 4,5 und 6,5 vorfinden, sollten Sie entsäuern, nicht allein dadurch, dass Sie verstärkt basische Lebensmittel verzehren, sondern indem Sie mit *Erbasit* (früher *Rebasit*) aus Ihrer Apotheke nachhelfen. Achten Sie auf die Gebrauchsanleitung in der Packung, doch ist der dort angegebene pH-Wert von 6,5 zur Entsäuerung nicht ausreichend, es sollte möglichst 7,5 (violett) erreicht werden.

Es genügt eine pH-Messung am Morgen. Entsäuernde Getränke, Rebasit-Wasser, Gemüsesäfte, Gemüsebrühe sollten vor allem abends getrunken werden.

Wenn sich Schlacken von den Ablagerungsplätzen lösen und über den Stoffwechsel ausgeschwemmt werden, kann es oft zu schmerzhaften Reaktionen, zum Beispiel im Gelenkbereich oder zu Kopfschmerzen kommen. Das ist normal und darf Sie nicht beunruhigen, Sie müssen dann einfach mehr trinken.

Der Entsäuerungsprozess sollte ein Leben lang durchgeführt, zumindest regelmäßig kontrolliert werden.

Eine weitere Entsäuerungs-Möglichkeit

Eine sehr gute Möglichkeit der Entsäuerung wird auch von den beiden Heilpraktikerinnen Frau Oetinger und Frau Vandebosch vorgeschlagen:

Rezept A

Nehmen Sie dreimal täglich drei Tabletten *Ovocalcin-forte* (aus der Apotheke; die Kosten können Sie evtl. von Ihrer Krankenkasse erstatten lassen). Diese Dosis behalten Sie ca. zwei bis vier Wochen bei.

Später lässt sich die Menge vermindern auf z. B. drei Mal täglich eine Tablette *Ovocalcin-forte.*

Ovocalcin-forte enthält Meeresalgen, welche die Schilddrüse beeinflussen. Viscum und Thuja wirken auf Herz-Kreislauf- und Zentralnervensystem. Deshalb wird es bisher vielerorts nicht verordnet. Es handelt sich jedoch um ein über viele Jahre erfolgreich wirkendes Mittel. Sollten sich bei Ihnen Unruhe, unerwünschte Blutdruckveränderungen oder ähnliche Symptome einstellen, dann reduzieren Sie die Menge auf dreimal täglich eine Tablette, das kann die Begleiterscheinungen beseitigen.

Rezept B

Nehmen Sie dreimal täglich einen Teelöffel *Metz Aktiv-Kalk* (Reformhaus) z. B. in Wasser oder einem Gemisch aus einem Teil Jogurt und zwei Teilen Wasser. Man kann das Pulver auch in Wasser, das mit ein wenig Zitronensaft angesäuert wurde, quellen lassen und den Brei löffelweise zu sich nehmen. Es wäre sinnvoll, beide Präparate im Wechsel zu verwenden.

Bei den beiden Vorschlägen nehmen Sie zusätzlich so viel natürliches Natriumbicarbonat (Natron oder Bullrichsalz) in reichlich Wasser gelöst, wie notwendig, um den gewünschten pH-Wert 7,5 zu erreichen.

Viele Anwender schütten den ganzen Tagesbedarf Natron und Aktiv-Kalk in eine Flasche und trinken dieses „Mineralwasser“ über den Tag verteilt. Aktivkalk erhält durch das stundenlange Einweichen einen nussartigen Geschmack. Wenn man den Bodensatz nicht unter Aufschütteln mittrinken möchte, kann man ihn einer Suppe beifügen. Wichtig ist, dass abends, z. B. eine halbe Stunde nach dem Essen noch ein Teil des Entsäuerungsmittels getrunken wird.

Die entsäuernde Wirkung geht fast ausschließlich vom Natron aus.

Magenbeschwerden, die nicht ausschließlich auf Heilreaktionen beruhen, werden kaum noch beobachtet, wenn man sich an das Mineralgetränk gewöhnt hat und erst nach den Mahlzeiten davon trinkt.

Zur Schonung der Nieren sollte regelmäßig und täglich ohne Unterbrechung mit viel Flüssigkeit (zwei bis drei Liter am Tag) entsäuert werden. Erst nach mehreren Monaten ist eine Pause von drei bis fünf Wochen angebracht.

Sollte Ihnen Ihr Arzt einen anderen Rat geben, befolgen Sie diesen selbstverständlich.

Auch Alfalfa stellt eine ausgezeichnete Ergänzung zur Entsäuerung dar.

Wenn Sie auf natürliche Art einen ausgeglichenen Säure-Basen-Haushalt erreichen wollen oder nach einer Therapie ein erneutes Ansteigen des Säurespiegels verhindern wollen, helfen Sie sich am besten damit, dass Sie viel mineralstoffreiche Lebensmittel aus der Gruppe der Basenbilder in Ihre tägliche Ernährung einbauen.

Eine Liste mit basischen Lebensmitteln finden Sie in meiner Schrift *Die Seele in Schwung bringen und geistig mehr leisten*.

Sie können diese Liste auch kostenlos unter der Tel.-Nr. 03378 / 201 492 oder im Internet unter www.stress-ex.de anfordern.

Eine Pflanze, die es in sich hat: ALFALFA

Alfalfa, in Deutschland als Luzerne bekannt, wird von alters her zur Ernährung von Mensch und Tier verwendet. Der biologische Name ist „Medicago sativa".

Wörtlich übersetzt heißt Alfalfa „hochqualifizierte Nahrung". Die Experten für Tierernährung nennen Alfalfa die „Königin der Futterpflanzen". In den USA wird Alfalfa schon lange als Zusatznahrung für den Menschen eingesetzt. Durch die vielfältigen Wirkstoffe und Wirkungen ist Alfalfa eine der besten Nahrungsergänzungen, die heute bekannt sind. Seit langem kennt man auch bei uns die Alfalfa-Sprossen, die sich zu einem gefragten Artikel in den Reformhäusern und in vegetarischen Restaurants entwickelt haben.

Alfalfa Tabletten enthalten nahezu sämtliche essentiellen Nährstoffe und sind als Ergänzung zur täglichen Nahrung sehr zu empfehlen.

Alfalfa wird in der ganzen Welt angebaut. Eine der besten Anbaugebiete ist das sonnige Antelope-Valley in Südkalifornien. Dort wachsen besonders hochwertige Pflanzen, die unter strenger Kontrolle geerntet werden. Das Besondere an der Alfalfa-Pflanze sind ihre langen Wurzeln, sie können über sechs Meter tief in die Erde eindringen und so aus den tiefen Schichten Mineralstoffe und Spurenelemente aufnehmen. Erst nach der Vollreife wird geerntet, da dann die Blätter den höchsten Anteil an Nährstoffen haben.

Nach der Ernte werden die groben Stiele entfernt und nur noch die Blätter, nach einem schonenden Trockenvorgang, vermahlen, woraus dann die Tabletten oder auch Granulat hergestellt werden.

Somit enthält Alfalfa alle Nährstoffe, die die Pflanze aus dem Boden aufnimmt und die sie dann in den Blättern einlagert: Kupfer, Zink, Chrom, Molybdän, Selen und Mangan, die Mineralstoffe Calcium und Kalium, die Vitamine C, B1, B2, B5, B6, Biotin, Niacin und Folsäure. Auch enthält Alfalfa die so wichtigen Bioflavonoide, die natürlichen Begleitstoffe des Vitamins C.

Alfalfa hat einen hohen Anteil an Ballaststoffen und wirkt regulierend auf den Darm (sowohl bei Verstopfung als auch bei Durchfall). Überhaupt zählt Alfalfa zu den besten Quellen für Ballaststoffe im gesamten Pflanzenreich. Alfalfa schließt somit direkt an die Sojabohnenschale oder an Haferflockenspelzen an.

Alfalfa ist auch ein äußerst günstiger Rohkostersatz, da es sieben körperwichtige Enzyme enthält:

3. *Protase* - zur Verdauung von Eiweiß
4. *Coagulase, Emulsin und Peroxidase* haben u. a. direkten Einfluss auf das Blut
5. *Amylase und Invertase* wirken auf Stärke und Zucker
6. *Lipase* (ein Enzym) zersetzt fettige Stoffe. Enzyme fördern die nötigen chemischen Reaktionen und verbessern die Nahrungsaufnahme (Verwertung).

Außerdem enthält Alfalfa das so wichtige Vitamin K, das zur Blutgerinnung notwendig ist. Deshalb hat es auch günstige Wirkung bei zu starker Monatsregel.

Alfalfa ist Vater aller Nahrungsmittel. So nannten die Araber das Kraut, mit dem sie ihre Pferde schnell und stark machten, weil es die Gelenke festigt.

Mein Spezial-Alfalfa „Medicago Sativa" ist eines der beliebtesten Mittel bei meinen Patienten. Es hilft bei Magenproblemen, Verdauungsproblemen, Menstruationsbeschwerden, Rückenschmerzen, Rheuma und Gelenkschmerzen.

Dadurch, dass Alfalfa auch das seltene Vitamin U enthält, konnten viele Patienten eine Besserung oder gar Heilung bei Magengeschwüren oder Magenproblemen allgemein erfahren.

Nach Auffassung vieler Ärzte hat Alfalfa starken Einfluss auf Herz, Augen, Zähne und das Verdauungssystem. Es wirkt einer Übersäuerung des Körpers entgegen.

Alfalfa hat einen günstigen Einfluss auf Nieren- oder Blasen-Beschwerden, es wirkt harntreibend.

Hunderte von Arthritis- und Rheumaleidenden berichten, dass Schmerzen wie versteifte Arme, Schultern, Beine und Hände innerhalb weniger Wochen verschwanden, wenn Alfalfa regelmäßig eingenommen wurde. Auch wurde eine Regulierung von niedrigem Blutdruck innerhalb weniger Wochen festgestellt.

Die Anwendung von Alfalfa geht weit über die nahrungsergänzende Zufuhr hinaus, zumal deren medizinische Wirkung ein großes Spektrum aufweist, berichtete schon die Apotheker-Zeitung Nr. 4 vom 23. Januar 1989.

Alfalfa ist

7. stoffwechsel-anregend
8. schmerzlindernd
9. günstig bei rheumatischen Erkrankungen, Gicht, Erkältung
10. ein gutes Hautpflegemittel von innen
11. günstig bei Akne
12. harntreibend und entgiftend
13. sie verbessert die Verdauung von Speisen und
14. unterstützt die Blutbildung

Die jüngsten Laborversuche lassen vermuten, dass eine Komponente in der Alfalfa der Freisetzung von Histamin aus den weißen Blutkörperchen entgegenwirkt. Wird Histamin im Körper frei, kann dies Ursache von Niesen, Reizungen, verstopfter Nase bis hin zu allergischen Reaktionen und Muskelentzündung sein.

Alfalfa ist eine Pflanze, die es in sich hat. Es gibt keine bessere pflanzliche Vorbeugung für ein gutes Immunsystem.

Eine ideale Ergänzung der täglichen Ernährung, Alfalfa kann, da es sich um ein natürliches pflanzliches Mittel handelt, bis zum Lebensende eingenommen werden.

Ein weiterer großer Immunschwächer ist der

DARMPILZ CANDIDA

Eine Pilzinfektion des Darmes kann Ursache von chronischen Verdauungsbeschwerden, Kopfschmerzen, Blasenentzündung und Hautekzemen sein.

Die Infektion hat den Namen Candidiasis (Candida). Sie breitet sich immer mehr aus, wird aber häufig nicht erkannt.

Candida ist die medizinische Bezeichnung für diese Hefepilze. Sie kommen auch im Darm gesunder Menschen vor, allerdings nur in kleiner Zahl. Eine krankhafte Ausbreitung der Pilze wird normalerweise durch Darmbakterien, die zur gesunden Darmflora gehören, sowie durch das Immunsystem des Körpers verhindert.

Unter bestimmten Umständen können sich die Hefepilze jedoch so stark vermehren, dass die Gesundheit stark beeinträchtigt wird.

Darüber berichteten Dr. Harald Markus und Hans Finck in ihrem Buch *Ich fühle mich krank und weiß nicht warum* (Ehrenwirth Verlag).

So kann die Einnahme von antibiotischen Medikamenten das Wachstum der Candida-Pilze fördern. Antibiotika unterdrücken die normale Bakterien-Darmflora.

Auch die Antibabypille, entzündungshemmende Kortison-Medikamente und manche Rheumamittel erhöhen das Infektionsrisiko: Die Darmschleimhaut verändert sich derart, dass die Pilze sich rascher vermehren. Zudem wird sie durchlässiger, so dass die Hefezellen in großer Zahl in die Blutbahn gelangen können.

Sowohl die Pilzzellen selbst, als auch toxische Substanzen, die bei ihrem Absterben frei werden und zu allergischen Reaktionen des Körpers führen, können Krankheitserscheinungen verursachen.

Betroffen sind vor allem Frauen, allein in der Bundesrepublik schätzungsweise zehn Millionen. Menstruationsprobleme, Blasen- und Eierstockentzündungen sind die häufigsten Beschwerden.

Aber auch Männer und Kinder können erkranken. Hautausschlag, Nasennebenhöhlen-Beschwerden, Durchfall, Verstopfung, Blähungen, Nahrungsmittelunverträglichkeiten oder Migräne sind mögliche Symptome.

Ein starker Hefepilzbefall des Darmes kann bei manchen Patienten Schübe der Hautkrankheit Psoriasis (Schuppenflechte) oder Neurodermitis (Juckreiz) auslösen.

Sogar Depressionen, chronische Erschöpfung und Schlafstörungen können im Rahmen einer Candida-Infektion auftreten - Beschwerden, die zunächst kaum mit einer Pilzinfektion in Zusammenhang zu stehen scheinen.

Wissenschaftliche Untersuchungen sprechen dafür, dass die Pilzerkrankung sich nur bei Menschen mit einem geschwächten Immunsystem ausbreitet. Andererseits schwächt die Candidiasis auch ihrerseits das Abwehrsystem.

Dies ist möglicherweise die Ursache dafür, dass bereits bestehende Allergien, z. B. gegen Haushalts-Chemikalien, sich durch eine Hefepilzerkrankung verschlimmern können.

Die Infektion lässt sich jedoch mit speziellen Medikamenten und einer mehrwöchigen Diät erfolgreich behandeln. Durch die Diät wird, so erläutert der Hamburger Professor Rieth, dem Pilz Nahrung entzogen und seine Vermehrung verhindert.

Hefepilze ernähren sich überwiegend von Zucker und Kohlenhydraten. Bei zuckerreicher Kost können wenige Pilzzellen ihre Anzahl alle 20 Minuten verdoppeln, so dass aus einem einzigen Pilz über Nacht acht Millionen Pilze werden.

Daher sollten zuckerhaltige Nahrungsmittel, auch süße Früchte und Getränke, vermieden werden. Süßstoffe dagegen können verwendet werden, da sie Pilzen keine Nahrung bieten.

Der Verbrauch an Kohlenhydraten wie Kartoffeln, Nudeln, Reis, Weißbrot sowie Ölen und Fetten sollte verringert werden. Empfohlen wird ballaststoffreiche, saure, würzige Kost: Gemüse, Salat, Geflügel, Fisch, Eiergerichte, in Maßen Sauermilchprodukte.

Zusätzlich sollten die Betroffenen ihre Zahnbürsten regelmäßig etwa alle zwei, nach der Therapie alle vier bis sechs Wochen auswechseln. Denn Hefepilze können sich auf Zahnbürsten ansammeln und so immer wieder Infektionen auslösen.

* * *

Vor ca. zehn Jahren wurde bei jedem zehnten meiner Patienten Candida vermutet, heute hat schon jede zweite Patientin Candida.

Folgendes habe ich in meiner Praxis erlebt:

Bei einem geschwächten Immunsystem ist der Körper nicht in der Lage, mit den überall vorhandenen Hefepilzen fertig zu werden. Normalerweise werden Pilze und schädliche Bakterien im Magen und Darm abgetötet.

Bei Übersäuerung des Körpers ist die Infektionsausbreitung besonders hoch.

Die für das Immunsystem kritische Hefepilzart heißt *Candida albicans*. Infektionen sind weit häufiger anzutreffen als bisher vermutet. Aus meiner Praxiserfahrung kann ich feststellen, dass nahezu jeder Patient mit schweren Krankheiten (AIDS, MS, Krebs, Allergien, Diabetes usw.) unter Candida leidet.

Auch Menschen, die unter „äußerst schlechtem Allgemeinbefinden" leiden (auch chronische Dauermüdigkeit) sind von diesem Pilz befallen. Die Pilzmasse kann im Körper bis zwei Kilogramm (Fußballgröße über den Darm verteilt) erreichen und dem Körper einen großen Teil der Nährstoffe entziehen, die für einen gesunden Stoffwechsel nötig wären.

Meine Erfahrung ist, dass sich Candida auch durch folgende „äußere und innere Symptome bemerkbar machen kann:

- Akne
- Psoriasis - Schuppenflechte
- Ekzeme
- Neurodermitis
- Hautreizungen
- Jucken an Scheide und After
- Soor (schmerzhafte Bläschen im Mund)
- Schimmelnägel
- Fußpilz
- Müdigkeit
- Allergien
- Asthma
- Bronchitis
- Verdauungsstörungen (Blähungen, Verstopfung, Durchfall, Magenschleimhautentzündung)
- Kopfschmerzen
- Menstruationsprobleme
- Unfruchtbarkeit
- vaginale Störungen

- Rheuma an Gelenken und Weichteilen
- Blinddarmentzündung
- Krebs
- Schwindelgefühl trotz normalem Blutdruck
- Angst (Phobien)
- Depressionen

Hefen, wie alle Pilze, brauchen zum Existieren eine organische Kohlenstoffquelle. Am leichtesten zugänglich ist ihnen dabei der organische Kohlenstoff in Form von Einfachzucker, wie Traubenzucker und Fruchtzucker. Je mehr Zucker den Hefepilzen zur Verfügung steht, desto besser gedeihen sie. Wenn Sie mit dem Candida-Pilz infiziert sein sollten, kann er sich, wie oben bereits beschrieben, sehr schnell ausbreiten. Entscheidend für das Wachstum des Pilzes ist das Nahrungsangebot, besonders, wenn es reich an verwertbaren Kohlenhydraten ist, wie z. B. Zucker, Malzzucker, Honig, Süßigkeiten aller Art, Schokolade, rohes und gekochtes Obst, Obstsäfte, gesüßte Getränke, Mehlspeisen, Brötchen, Weißbrot, Reis, Pudding, Gelee und Marmelade.

Wenn Sie Candida vermuten, können wir dies in einem Speziallabor feststellen lassen. Unsere Ernährungsberatung (Tel.-Nr. 03378 / 201 492 oder im Internet www.stress-ex.de) sendet Ihnen dann gerne ein Röhrchen für eine Stuhlprobe und einen Fragebogen zur Ernährungsanalyse zu. Nach erfolgter Analyse können wir weitere Maßnahmen besprechen.

Wenn durch den Pilz bereits Organe befallen sind, ist es allerhöchste Zeit, ihn zu bekämpfen. Denn bereits jetzt sterben Tausende von Menschen jährlich durch Pilzbefall in den Organen.

Parallel zu einer strengen Diät (siehe unten) muss Ihr Hausarzt pilztötende (antimykotische) und bakterienaufbauende Medikamente (Symbioselenkung) verschreiben, die über ca. zwölf Wochen eingenommen werden.

Wichtig ist außerdem noch: Alle Mühe, den Darm mit Diät und Arzneimitteln pilzfrei zu bekommen ist vergebens, wenn die Mundhöhle, kariöse Zähne, Zahnstein, Zahnfleischtaschen und Zahnprothesen als Pilzreservoir vergessen oder ignoriert werden. Als eine gute Abhilfe hat sich Folgendes erwiesen: Zahnbürste vor der Therapie und alle zwei Wochen wechseln, mundhygienische Sanierung (Zahnarzt), Entpilzung der Zahnprothese (falls vorhanden). Für die Sanierung geeignet sind neben hefewirksamen Antimykotika, wie Nystatin oder Amphotericin B, auch fungizide Mundwässer.

Diät zur Pilzbekämpfung

Wichtig ist das Ausräumen der Hefenester mit Pflanzenfasern; dazu dient die reichliche Zufuhr von Ballaststoffen, um die Hefenester im Dünndarm und Dickdarm auf mechanische Art zu beseitigen. Dabei können Gemüse und Salate auch in stark zerkleinerter Form gegessen werden. Die ausräumende Wirkung von Pflanzenfasern ist besonders wirkungsvoll, wenn man sie mehrmals täglich zuführt.

Die Zeitdauer der diätetischen Maßnahme hängt vom Ausmaß der Pilzbesiedelung ab. In der Regel dauert die strenge Diät mindestens zwei Wochen (während der antimykotischen Therapie), es folgen dann einige Wochen in abgemilderter Form - während des Wiederaufbaus der gesunden Darmbakterien.

Zu vermeiden sind

Zucker (alle Formen) – auch Traubenzucker, Honig, Konfitüren, Schokolade, Konfekt, zuckerhaltige Speisen, Kuchen, Torten, Kekse, Toast, Teigwaren, Hefe und alles was Hefe enthält, Hefegebäck. Verzehr von Brot, besonders von weißen Mehlerzeugnissen soll stark reduziert werden. Milch, Joghurt, Quark sind ganz zu meiden. Dasselbe gilt für süße Obst- und Traubensäfte, Limonaden, Cola, süßes Obst (Weintrauben, Pfirsiche, Pflaumen, Birnen und Kompott) sowie für Bier, Whisky und süßen Wein.

Zur Beachtung: Weizenkleie bläht unter Umständen sehr stark. Desgleichen können verschiedene Vollkornsorten (besonders mit groben Körnern) zu Blähungen führen, deshalb sind diese zu vermeiden.

Bemerkung: Alle Candida-Patienten haben Lebensmittel-Allergien, meist unerkannte, besonders gegenüber Milch. Lebensmittelallergien können durch eine Suchdiät oder durch einen cytotoxologischen Bluttest genau ermittelt werden.

Erlaubte Lebensmittel

Am besten einfache „Arme-Leute-Kost", Kartoffeln, Gemüse roh und gekocht - Wurzelgemüse (Mohrrüben, Sellerie, rote Bete, Steckrüben, Rettich usw.), Blattgemüse (alle Kohlarten, Spinat, Sauerkraut, Mangold, Salate, Zwiebeln, Knoblauch, Gartenkräuter), Hülsenfrüchte (Bohnen, Erbsen, Kichererbsen, Linsen, Soja bzw. als Tofu).

Kleinkern-Gemüse wie Tomaten, Gurken, Paprika, Auberginen sollten sie dagegen nur in kleineren Mengen verzehren.

Fleisch und Wurst: zweimal pro Woche. Fisch, Eier, alle Fette, Butter, saure oder süße Sahne und Käse in Maßen, klare Brühe (ohne Hefe, z. B. Diät-Würze von Bergland).

Obst: Zitronen beliebig, auch als Getränk. Grapefruit und Orangen je 1 pro Tag, max. zwei saure Äpfel pro Tag, Kompott aus sauren Früchten ohne Zucker.

In geringem Umfang: Reis, Vollkornbrot, Knäckebrot. Ferner sind Salz und alle Gewürze, außer hefehaltige, soweit verträglich und Kräuter erlaubt.

Unbedenklich sind außerdem Kaffee und Tee (ohne Zucker), Mineralwasser, trockene Weine und Sekt.

Vorschlag für einen Tag:

Frühmorgens
ein Glas warmer Kräutertee (Melisse, Kümmel, Pfefferminze, Kamille oder ähnliches), evtl. ein Teelöffel Blütenpollen.

Frühstück
Eine Scheibe Knäcke, Butter, Aufschnitt in Aspik, keine Konfitüre, Diätkonfitüre ohne Zucker aber mit Süßstoff (dünn streichen), eine Grapefruit sowie zwei bis drei Tassen Kaffee oder Tee.

alternativ:
Frischkornbrei mit einem geriebenen Apfel und Sahne

Zwischenmahlzeit
Avocado, Radieschen, rote Bete (milchsauer eingelegt), Gemüsebrühe oder Mineralwasser.

Mittagessen
Sehr erwünscht sind Salate zu Beginn einer Mahlzeit, z. B. Eisberg, Chinakohl, Kopfsalat, Endivien, Chicorée, Bohnensalat (möglichst abwechslungsreich, auch gemischt), Fisch oder Fleisch (zwei Mal pro Woche), 100 bis 200 Gramm Kartoffeln oder 50 Gramm Reis. Auch Kartoffelpuffer, Kartoffelklöße, Pommes frites, Eierspeisen nach freier Wahl. Abwechslungsreiche Gemüsebeilagen, z. B. Bohnen, Brokkoli, Spargel, Erbsen, Kohlrabi, Möhren, Schwarzwurzeln, Spinat (auch Rahmspinat - nur Milch ist verboten) und Speisepilze (Champignons, Steinpilze, Pfifferlinge usw.).

Nachmittags
Kaffee, Tee, Knusperbrot mit Butter oder Erdnussbutter, einen sauren Apfel (Granny).

Abendessen
Ein bis zwei Scheiben Brot mit Wurst, Fisch oder Fleisch, mit Rettich, Radieschen oder auch mal eine kleine Tomate. Kaffee, Tee oder trockener Wein, Zitronensaft mit Süßstoff, Mineralwasser.

alternativ:
eine dicke Kartoffel-Gemüsesuppe

* * *

Unterlagen sowie Röhrchen für die Stuhlprobe für einen Candida-Test erhalten Sie bei mir (Tel.: 03378 / 201 492, Internet: www.stress-ex.de). Neben der Differentialbestimmung der Hefen (Candida) werden auch noch **Schimmelpilze** und **pathogene Bakterienstämme** auf Befunde untersucht.

SCHWERMETALLE

Weitere starke Immunschwächer sind die Schwermetalle.

Schwermetallüberlastungen führen zu Lernschwierigkeiten und Überaktivität bei Kindern, zu Müdigkeit, Kopfschmerzen, hohem Blutdruck (dies könnte durch Blei verursacht sein). Zahlreiche andere Krankheitssymptome können daraus resultieren, wie weiter unten beschrieben.

Es ist bekannt, dass überschüssige Mengen an giftigen Schwermetallen sowie verringerte oder erhöhte Werte gewisser lebenswichtiger Spurenelemente und Mineralien nicht nur die Gesundheit beeinträchtigen, sondern den gesamten Alterungsprozess beschleunigen.

Schwermetalle hemmen in erheblichem Maße die Infektionsabwehr. Viele Patienten mit hohem Blutdruck haben auch hohe Bleiwerte. Bei Kindern führt ein Bleiüberschuss in bereits kleinsten Mengen zu Überaktivität.

Erhöhte Nickelwerte z. B. beeinflussen Leber- und Nierenfunktion und können die Ursache von Gehirnstörungen sein.

Besonders hinzuweisen sei auf die beiden Gegenspieler Zink und Kupfer. Je weniger Zink im Körper, desto höher der Kupferspiegel. Auch starkes Rauchen führt zu einer Erhöhung des Kupfers im Blut und im Gewebe. Kupfer ist zwar ein essentieller (lebensnotwendiger) Nährstoff, aber in Unmengen sehr schädlich. Gedächtnisstörungen (bis zum Black-out), Depressionen, Stottern, hoher Blutdruck und Arthritis wurden beobachtet.

Neben den Bleimengen aus den Autos ohne Katalysator, aus dem Tabak, dem Leitungswasser, aus Bleirohren, den Konservendosen, spuckt auch noch die Industrie jährlich 400 000 Tonnen Blei aus. Kopfschmerzen, Bluthochdruck, Erbrechen, Schlaflosigkeit und Gelenkschmerzen können die Folge sein.

Kinder können Gehirnschäden davontragen. Blei wandert auch über die Nahrung in unseren Körper. In den Knochen und den Organen wird es gespeichert. Die Bleibelastung des heutigen Menschen ist fast 1000-mal höher als die der Inkas in Peru, die vor 1500 Jahren lebten.

Wie werden Schwermetall-Belastungen nachgewiesen

Um überhaupt Schwermetall im Körpergewebe nachweisen zu können, bedient man sich heute der Haar-Mineral-Analyse (HMA).

Ein Bluttest, vom Arzt durchgeführt, gibt Ihnen genaue Werte *außerhalb* der Zellen wieder, während die HMA die *intrazellulären* Werte wiedergibt.

Die HMA reflektiert also das, was vom Körper im Laufe der Jahre in den *Zellen* eingelagert wurde. Im Gegensatz zur Blut- und Haar-Mineral-Analyse misst die Harn- oder Urin-Analyse die Menge der Elemente, die vom Körper *ausgeschieden* werden.

Mit allen drei Analysen kann man den Stoffwechsel von Mineralstoffen, Spurenelementen und Schwermetallen verfolgen.

Spurenelemente im Blut oder in der Körperflüssigkeit werden ständig umverteilt bzw. ausgetauscht, wahrend sich die Zusammensetzung des Haares nicht ändert. Es gibt also im Haar (stellvertretend für Gewebe) keine kurzfristigen Schwankungen, wie das im Blut der Fall ist.

Ständige Einwirkungen von giftigen Spurenelementen reichern sich nicht im Blut, sondern immer im Gewebe an.

Cadmium zum Beispiel verbleibt nur wenige Stunden im Blut, die Messwerte sind also immer niedrig, durch die Haar-Mineral-Analyse dagegen könnte eine Vergiftung aufgedeckt werden.

Bei einer Schwermetallüberlastung haben wir in der Regel auch immer Defizite an Vitalstoffen, hervorgerufen durch den stärkeren Verbrauch dieser Stoffe oder durch eine zu geringe Zufuhr mit der Nahrung.

Weltweit gibt es ca. 1300 Veröffentlichungen, welche bestätigen, dass die Haar-Mineral-Analyse eine optimale, kostengünstige und nebenwirkungsfreie Methode darstellt, Ungleichgewichte im Mineralstoffhaushalt und toxische Schwermetalle zu analysieren.

Durch zusätzliche Tests (z. B. Speicheltest bei Amalgamfüllungen) kann die HMA bestätigt werden. Bei mehreren quecksilber-enthaltenden Zahnfüllungen ist der Speicheltest zusätzlich zu empfehlen (weiter hinten).

Mit den Analysewerten der HMA können dann spezifische Behandlungsmethoden durchgeführt werde, wie Ausschleusung durch Substitution mit orthomolekularen Nährstoffen, durch entsprechende Ernährungsprogramme usw.

Wichtig für uns ist vor allem die Erkennung von Schwermetallüberlastungen lange bevor die Blutserumwerte erhöht sind und lange bevor akute Symptome in Erscheinung treten.

Mit der HMA werden die Sünden der Vergangenheit deutlich.

Man kann mit der HMA Schwermetall-Belastungen frühzeitig begegnen, ehe Vergiftungserscheinungen eintreten. Auch können Mangelerscheinungen im Mineral- und Spurenelement-Bereich frühzeitig festgestellt werden.

Häufig haben Patienten einen Calcium-Mangel. Zu wenig Calcium kann zu Knochenproblemen bis hin zur Osteoporose führen. Auch Krämpfe, Allergien, Nervosität u. a. können mit Calcium-Unterversorgung zusammenhängen. Selbst wenn zu wenig Calcium für den Stoffwechsel vorhanden ist, wird eine Blutanalyse dies *nicht sichtbar machen*, da sich das Blut zur Neutralisation aus den Puffersystemen bzw. aus den Depots des Körpers versorgt. Praktisch heißt dies, dass Calcium den Knochen entzogen wird für die Sättigung des Blutes.

Zeigen jedoch die Blutwerte bereits einen Calcium-Mangel an, ist es meist schon zu spät, da dies ein Zeichen dafür ist, dass die Puffersysteme bereits erschöpft sind.

Wenn in den Zellen Calcium fehlt, macht sich mit Vorliebe anstelle dessen Blei breit.

Calcium, Kalium, Magnesium und Natrium halten z. B. das Säure-Basen-Gleichgewicht aufrecht. Sie wirken alkalisierend und bilden das Gleichgewicht zu säuernden Nahrungsbestandteilen wie Proteinen. Übersäuerung begünstigt allgemein die Einlagerung von Schwermetallen. Systematische Entsäuerung hilft dabei, Schadstoffe wieder abzubauen.

Das rechtzeitige Erkennen von Engpässen im Körperstoffwechsel und das gezielte Entgegensteuern mit der entsprechenden Ernährung machen den großen Vorteil der HMA aus.

Die HMA bestimmt aus dem *Haar* den Spiegel sowohl der lebensnotwendigen als auch der giftigen Mineralstoffe. Diese beiden Spiegel geben wichtige Hinweise auf Störungen im Mineralhaushalt.

Mit zahlreichen Studien wurde belegt, dass die Haaranalyse zur Erkennung von toxischen Stoffen wie Blei, Quecksilber, Arsen, Cadmium, Aluminium geeignet ist.

Alle diese Gifte kommen überall in der Umwelt vor und können bei Anreicherung im Organismus die vielfältigsten Schäden verursachen. Eine ganz besondere Rolle spielt dabei das Quecksilber, das bei Trägern von Amalgam-Zahnfüllungen zu erheblichen Vergiftungen führen kann.

Nachdem Sie nun eine Haar-Mineral-Analyse durchfahren ließen und Belastungen bzw. Ungleichgewichte festgestellt wurden, können Sie diese z. T. mit orthomolekularen Nährstoffen ausschleusen, weil bestimmte

Nährstoffe wie Vitamine, Mineralien usw. die Fähigkeit besitzen, diese Stoffe unschädlich zu machen, bzw. sie auszuschwemmen.

Hier ist es wieder wichtig, wie qualitativ gut Sie sich ernährt haben. Wie weiter unten erwähnt, schadet das Quecksilber im Zahnamalgam einem Menschen nicht, wenn er immer reichlich *Selen* mit der Nahrung zu sich genommen hat (siehe weiter unten).

So hat jedes Schwermetall seine Gegenspieler im Immunsystem: Blei wird mit Zink, Vitamin C und E bekämpft. Cadmium wird mit Eisen, Vitamin C, E und Zink bekämpft. Gegen Quecksilber hilft Selen, Vitamine E und C.

Die Nährstoffe opfern sich gewissermaßen im Kampf gegen diese Eindringlinge auf. Deshalb müssen sie sofort ersetzt werden, da sonst das Abwehrsystem immer mehr geschwächt wird.

Nach Durchführung z. B. einer *Jahreskur* haben meine Patienten ein äußerst gutes Abwehrsystem entwickelt. Erkältungskrankheiten treten z. B. fast nie mehr auf, Allergien werden in Schach gehalten.

Die Zunahme der Allergien, das Ansteigen von Krebs, MS und anderen schweren Krankheiten wird von Spezialisten immer mehr auf das an Abwehrstoffen dezimierte Immunsystem zurückgeführt. Unser Immunsystem kann einfach nicht mehr. Es kämpft sowohl gegen Viren, Bazillen und andere Krankheitserreger, mit denen es in jeder Sekunde zu tun hat, zum anderen verbraucht der zunehmende Stress und vor allem der Lärm ebenfalls Abwehrstoffe, und nun kommen jährlich auch noch Tausende Gifte aus der Umwelt und in der Nahrung hinzu. Der menschliche Organismus kann sich innerhalb einer Generation nicht so radikal anpassen wie die Umwelt es erfordern würde.

Unsere Zellen hungern nach Wirkstoffen. Deshalb schlägt die orthomolekulare Form einer Ernährungs-Therapie so gut bei vielen Patienten an.

Interessant ist, dass Gewebeuntersuchungen an Knochen, Zähnen, Nägeln und Organen mit denen des Haares weitgehend übereinstimmen. Durch die Haar-Mineral-Analyse erhalten Sie tatsächlich ein Bild vom Zustand Ihres Körpergewebes. Haar ist demnach ein ausgezeichnetes Biopsiematerial.

Dr. Welsh, der ein solches Labor über Jahre intensiv betreute, ist der Meinung, dass die Wertefeststellung der Elemente Zink, Kupfer, Natrium, Calcium, Magnesium und Phosphor durch die HMA ausgezeichnet, während die Analyse der Elemente Blei, Cadmium, Eisen, Mangan und Kalium als sehr gut bezeichnet wird.

Insgesamt können 27 Elemente gleichzeitig mit nachweislich guter Genauigkeit festgestellt werden.

Wann ist die Durchführung einer Haar-Mineral-Analyse sinnvoll

Zur aktiven Gesundheitsvorsorge

Kaum ein Mensch ab dem 40. Lebensjahr könnte sagen, dass er sich völlig gesund fühlt.

Die ständig zunehmenden Belastungen des Lebens erfordern eine bessere gesundheitliche Substanz. Diese gilt es, falls noch vorhanden, zu unterstützen, bzw. wieder neu aufzubauen.

Oft wissen wir nicht so recht, woher die Probleme rühren, unter denen wir zu leiden haben.

Hier sollte man sämtliche Maßnahmen ergreifen, um an die Ursachen heranzukommen. Die Haar-Mineral-Analyse ist ein gutes Mittel, den körpereigenen Immunstatus etwas besser kennen zu lernen.

Besonders die Wechselwirkungen der Mineralstoffe und die eventuellen Einlagerungen von Schwermetallen geben Aufschluss über manche Körperprobleme, gegen die dann Maßnahmen ergriffen werden können.

Selbstverständlich erhält man mit der HMA allein nicht erschöpfende Auskunft über den Immunstatus. Dazu müssen noch andere Spezialisten zu Rate gezogen werden. Die HMA ist aber eine sehr aufschlussreiche Untersuchungsmethode.

Denn es gilt, alles zu tun, sich gesund zu erhalten.

Bei auftretenden Beschwerden

Für die Möglichkeit, eine Haar-Mineral-Analyse durchführen zu lassen, sind immer solche Menschen sehr dankbar, die bereits unter den vielfältigsten Körperstörungen leiden. Sie wollen Gewissheit haben, wie es um sie steht, was ihnen fehlt, bzw. womit sie belastet sind.

Deshalb möchte ich Ihnen hier eine kurze Übersicht über die Zusammenhänge und Wechselwirkungen von Mineralien und Beschwerden weitergeben. Als Beispiel greife ich die vier wichtigsten toxischen Mineralstoffe heraus: Blei, Cadmium, Quecksilber und Aluminium.

Die wichtigsten Schwermetalle

Blei

Blei ist weit verbreitet und stellt ein hochwirksames Nervengift dar.

Selbst Menschen mit niedrigsten („normalen") Bleiwerten haben immer noch 500-mal höhere Werte als Menschen, die vor ca. 200 Jahren gelebt haben.

Blei ist bei Kindern noch gefährlicher als bei Erwachsenen. Mit der HMA werden Bleibelastungen wesentlich früher aufgedeckt als über das Blut.

Blei schädigt Immun- und Enzymsystem.

Hauptverantwortlich sind die Kraftfahrzeuge ohne Katalysator, einige Bleiwasserrohre, die Industrieabgase und gewisse Kosmetika, manche Haarfärbemittel, Batterien, Bleifarben und Zinngeschirr.

In einigen Teilen Europas wurde nachgewiesen, dass ein Viertel des Bleispiegels im Körper auf Autoabgase zurückzuführen ist. Wahrscheinlich sind mehr Menschen an Blei und anderen Schwermetallen überlastet, als vermutet wird. Vor allem dürfte die Bevölkerung in den Großstädten und Ballungsgebieten mit hohem Autoverkehr bzw. starker Abgasentwicklung besonders stark belastet sein.

Bei Menschen in Ballungszentren, in Großstädten oder anderen verkehrsreichen Gegenden ist der Bleianteil im Zellgewebe 20 Prozent höher als bei Menschen in ländlichen Gebieten. Da allerdings inzwischen so gut wie alle Pkws mit Katalysator ausgestattet sind und außerdem bleifreies Benzin verwendet wird, wird die Belastung von Jahr zu Jahr geringer.

Erhöhte Werte können zu folgenden Beschwerden führen:

- Alpträume
- Bauchschmerzen
- Depression
- Gedächtnisstörungen
- Hoher Blutdruck
- Konzentrationsprobleme
- Kopfschmerzen
- metallischer Geschmack im Mund
- Müdigkeit
- Muskelschmerzen

- Neuromuskulare Erkrankungen wie MS
- Psychoneurosen
- Schlaflosigkeit
- Schwindelgefühle
- Verdauungsstörungen
- Verstopfung
- Wutausbrüche

Bei Kindern:

- Ängstlichkeit
- Apathie, Schläfrigkeit
- Gelenkschmerzen
- Hyperaktivität
- Lernschwierigkeiten
- starke Kopfschmerzen
- Teilnahmslosigkeit
- Weinerlichkeit

Äußerst nachdenkenswert ist die Tatsache, dass sich bei calciumarmer Kost mit Vorliebe Blei statt Calcium in den Knochen ablagert.

Blei verdrängt Calcium. Liegt ein Calciummangel vor, so übernimmt Blei den Platz in der Zelle.

Eine Calciumzufuhr, bzw. calciumreiche Nahrung ist deshalb besonders wichtig.

Ferner müssen Phosphor, Vitamine A, B, viel C, D3, E, Chrom, Zink, Selen und Pektin zugeführt werden.

(Einen Nährstoff-Therapie-Vorschlag, den Sie dann mit Ihrem Arzt absprechen können, erhalten Sie in schriftlicher Form aus dem HMA-Labor.)

Cadmium

Cadmium ist noch gefährlicher als Blei. Es verdrängt regelrecht wichtige Nährstoffe, lässt die Enzyme nicht richtig arbeiten.

Cadmium beeinträchtigt Funktionen von Lunge, Leber, Nieren und Fortpflanzungsorganen. Erhöhte Cadmiumwerte sind nachweisbar oft die Ursache von Dermatiden und anderen Hauterkrankungen, Bluthochdruck und Störungen des zentralen Nervensystems. Mit etwa zehn Zigaretten führt man sich bereits zehn Mikrogramm Cadmium zu. Selbst der nicht rauchende Mensch nimmt täglich ca. 40 Mikrogramm zu sich. Somit werden sich bis zum 50. Lebensjahr bis zu 25 Milligramm Cadmium in den Nieren eingelagert haben.

Ein zweiter wichtiger Cadmium-Lieferant ist der Kaffee, besonders Schnellkaffee.

Auch hier gäbe es weitaus weniger Probleme, wenn reichlich Zink im Körper vorhanden wäre.

In meinem Ernährungs-Informations-Dienst *NEWS* habe ich bereits vor einigen Jahren auf die große Bedeutung von Zink hingewiesen. Niedrige Zinkwerte erhöhen die Aufnahmebereitschaft des Körpers für Cadmium. In meiner Zellstoffwechsel-Kur habe ich reichlich Zink für meine Patienten vorgesehen.

Die Ernährung sollte neben Zink noch besonders Eisen, Calcium, Selen und Kupfer enthalten.

Außer im Zigarettenrauch kommt Cadmium noch in hoher Konzentration in Schalentieren und in Meeresfrüchten vor.

Auch Kosmetika, einige Bodenbeläge (Gummi), denaturierte Nahrungsmittel (Weißmehl), Colagetränke, präparierte Fleischwaren, umweltverschmutzte Luft, Abwasserrückstände, Düngemittel und Batterien enthalten nicht wenig Cadmium.

Welche Beeinträchtigungen sind bei einer Cadmiumüberlastung zu befürchten?

- Anämie
- Antikörper werden unterdrückt
- Appetitlosigkeit
- Bronchitis
- Gefahr von Prostata-Krebs
- Geschmacksverlust
- hoher Blutdruck
- Hyperaktivität bei Kindern
- Knochenschmerzen
- Leberschäden
- Nierenschäden
- starke Schuppenbildung

- unnatürlicher Gewichtsverlust
- Verlust der Zähne
- verringerte Körpertemperatur
- verringerte Stillfähigkeit

Ein guter Schutz gegen Cadmium ist eine selenhaltige Nahrung. Täglich Zink, Vitamin B6, Selen und zwei Gramm Vitamin C helfen, Cadmium wieder aus dem Körper zu schaffen.

Aluminium

Aluminium ist wahrscheinlich an neurologischen Krankheiten beteiligt.

Erhöhte Aluminiumwerte konnten z. B. mit der Alzheimer'schen Krankheit in Verbindung gebracht werden. Medizinische Wissenschaftler des *National Institute oft Health* in Bethesda, Maryland sowie des *Elizabeth Hospital* in Washington, D. C. testen deshalb regelmäßig Haar-Aluminiumwerte von Patienten, die unter der Alzheimer-Krankheit leiden. Es wurde festgestellt, dass, sobald sich die Aluminiumwerte verringern, eine Besserung im Zustand des Patienten auftritt.

Alzheimer und Parkinson können also durch Aluminium-Überschuss ausgelöst werden.

Gehirnzellen der Alzheimer-Kranken weisen eine sechsfache Menge gegenüber diesen der Gesunden aus.

Seit kurzer Zeit kann eine Aluminium-Überlastung ebenfalls durch die HMA aufgedeckt werden. Eine hohe Konzentration wird z. B. in der Lunge festgestellt, was ein Hinweis auf die verschmutzte Luft sein kann.

Es wird aber auch durch den Darm täglich sehr viel Aluminium entgiftet und ausgeschieden.

Aluminiumgeschirr, eine Unzahl von Medikamenten sowie einige Kosmetika sind aluminiumhaltig.

Starke Fleischesser könnten gefährdet sein, da diese Kost phosphorreich und calciumarm ist und somit die Aluminiumaufnahme begünstigt.

Menschen mit Osteoporose, die viel tierisches Eiweiß, aber wenig calciumhaltige Speisen essen, sind besonders gefährdet.

Folgende Beschwerden wurden festgestellt:

- Altersdemenz
- Alzheimer

- Depressionen
- Energieverlust
- Lernschwierigkeiten
- nachlassendes Gedächtnis
- Nervosität
- Senilität
- Sprachstörungen
- starke Körperausdünstung
- Verhaltensstörung

Therapie: eine gute allgemeine Nährstoffversorgung, ein gutes Calcium/Magnesium-Gleichgewicht, viel Vitamin B6, Zink und Vitamin C, keine Lebensmittel aus Alufolie zu sich nehmen, auf Backpulver verzichten, keine Getränke aus Dosen (Cola), keine Deos benutzen, auf aluminiumhaltige Medikamente achten.

Quecksilber

Amerikanische Seen, das Mittelmeer, viele Flüsse bleiben nicht verschont, mit Quecksilberverbindungen eingedeckt zu werden. 1955 erkrankten Japaner an einer sehr seltsamen Krankheit. Sie wurden von Krämpfen, Lähmungen und Muskelzittern geplagt. Erst Jahre später fand man die Ursache: Quecksilbervergiftung. Über 40 Personen starben.

Quecksilber inaktiviert viele Enzyme. Eine Quecksilberüberlastung kann im Blut meist nicht festgestellt werden.

Zahnfüllungen sind wohl die häufigsten Ursachen für eine Quecksilberüberlastung der Deutschen. Deshalb folgt eine ausführlichere Darstellung dieses Problems. Es kommt aber auch in Pestiziden, in manchen Medikamenten und Zäpfchen vor. Ein weiterer wichtiger Quecksilberlieferant ist der Thunfisch.

Bei dem Verdacht auf quecksilberhaltiges Trinkwasser sollten alle Mitbenutzer eine HMA durchführen lassen.

Amalgam - Gift in den Zähnen

Mehr als hundert Zigaretten pro Tag

Eine Frage:

Würden Sie über mehrere Jahre hindurch tagtäglich bis zu zehn Stunden mit dem Fahrrad im dichtesten Autoverkehr fahren und die Abgase einatmen? Sicher nicht. Wenn Sie Amalgam-Füllungen im Mund haben, könnte es sein, dass Sie tagtäglich dem Körper so viel Schwermetalle zuführen, wie durch zehn Stunden Großstadtverkehr mit dem Fahrrad oder Rauchen von 100 Zigaretten.

Eines der Hauptprobleme bei Amalgam ist das Quecksilber.

Neben dem Quecksilber sind auch noch Silber, Kupfer, Blei, Cadmium und Zinn enthalten.

8000 Vergiftungsfälle wurden in eineinhalb Jahren bekannt.

Der Münchner Toxikologe Dr. med. Daunderer berichtete im Juni 1990 auf einem Mineralstoff-Symposium in Stuttgart von über 8000 Vergiftungsfällen in 18 Monaten. Immerhin werden jährlich 20 Tonnen Quecksilber verarbeitet. Die kritischen Stimmen nehmen immer mehr zu. Man spricht vornehm von Schwermetall-*Belastung* des Körpers und meint eigentlich *Vergiftung*. Übrigens: Ihr Zahnarzt muss Amalgam, das er aus Ihren Zähnen (hoffentlich bald!) entfernt, als Sondermüll entsorgen lassen - weil es einfach zu giftig ist.

Belastungen durch toxische Schwermetalle können eine Vielzahl von Krankheitserscheinungen verursachen, die weiter unten genannt sind. Es ist heute eine gesicherte Tatsache, dass durch Amalgamfüllungen Quecksilber in den Körper gelangt, das über die Nieren nicht wieder vollständig abgebaut werden kann. Bei den meisten Menschen sind keine ernsten Beschwerden festzustellen, bei anderen wiederum eindeutige Störungen. Das ist abhängig von der Zahl der Füllungen, von der Lokalisation im Mund, von der Dauer der Einwirkung, vom allgemeinen Gesundheitszustand des Amalgamträgers und von den Ernährungsfaktoren.

Besonders das Selen als Spurenelement spielt eine wichtige Rolle dabei. Selen dient zur natürlichen Entgiftung des Quecksilbers.

Alle toxischen Schwermetalle führen zu Organschäden - die Latenzzeit ist groß.

Amalgam ist also eine Mischung aus Schwermetallen, wobei vor allem Zinn und Quecksilber als hochgiftig einzustufen sind.

Bei einer Zinnvergiftung können unter anderem Lähmungserscheinungen, Müdigkeit und Kälteempfindlichkeit auftreten.

Wie Dr. med. Daunderer weiter ausführte, ist auch Kupfer im Amalgam vorhanden. Alle im Amalgam befindlichen Gifte ergeben Organschäden bzw. nachteilige Veränderungen. Nach ca. 15 Jahren können Sie zu irreparablen Schäden führen, es kommt zu chronischen Erkrankungen.

Auch Silber ist in Amalgam zu 45 bis 60 Prozent enthalten und wird beim Kauen z. T. herausgelöst. Doch das Quecksilber richtet die schlimmsten Schäden an: Antriebslosigkeit, Kopfschmerzen, Magen-Darm-Probleme und vieles andere können die Folgen sein.

Quecksilber lagert sich mit Vorliebe im Gehirn und in den Nieren ein, Zinn in Knochen, Sehnen und Bändern, Silber ebenfalls im Gehirn.

Ursache vieler Allergien

Zusätzlich treten viele Allergien bei Schwermetall-Vergiftungen auf, weil das Immunsystem überlastet ist. Häufig müssen Patienten, nachdem eine Quecksilberbehandlung erfolgte, noch gegen andere Schwermetalle, aber auch gegen Formaldehyd- und andere Allergien, behandelt werden.

Die Mundhöhle als Sammelstelle der Gifte

Die höchste Giftkonzentration ist an der Quelle selbst, also an den Zähnen, bzw. im Mund, festzustellen. Im Speichel ist die Konzentration um das 50-fache höher als im Urin oder Blut. Beim Kauen erfolgt die schlimmste Vergiftung. Mit dem Speichel werden ca. 450 Mikrogramm Quecksilber pro Tag geschluckt, das ist das 450-fache der Menge, die im Trinkwasser erlaubt ist.

Im Gegensatz zu einer Quecksilber-Vergiftung ist eine chronische Zinn-Vergiftung nicht mehr behandelbar.

Das Immunsystem wird geschwächt

Ist Amalgam in den Zähnen, sinken der Zink- und Selen-Spiegel im Körper. Fehlen in den Zellen diese wichtigen Nährstoffe, werden sofort auch andere giftige Schwermetalle eingelagert.

Interessant sind die Beobachtungen an jugoslawischen Bergarbeitern, die jahrzehntelang in Quecksilbergruben gearbeitet haben und dennoch nicht nennenswert erkrankten und eine normale durchschnittliche Lebensdauer aufwiesen. Diese Menschen hatten sich durch ihre Ernährungsweise (viel *Knoblauch, Zwiebeln, Paprika* usw.) bereits von Kind an *reichlich Selen* zugeführt. Quecksilber und Selen gehen eine Verbindung zu

Quecksilberselenid ein, welches sich *nicht negativ auf den Stoffwechsel auswirkt.*

Meine Patienten erhalten mit der Jahreskur selbstverständlich auch Selen – selbst wenn sie ihr Amalgam schon vor Jahren haben entfernen lassen. Das Amalgam in den Zähnen der Deutschen ist deshalb so gefährlich, da weite Kreise der Bevölkerung an einem Selenmangel leiden. Selen, Zink, Vitamin C und Vitamin E sind Antioxidantien, die dem Immunsystem auf die Beine helfen.

Maßlose Überdüngung der Böden rächt sich jetzt

Deutschland hat durch die reichliche Düngung inzwischen die selenärmsten Böden Europas. Außerdem wird der Selenmangel noch dadurch unterstützt, dass europäischer Weizen statt amerikanischer für das Brot verwendet wird. Der amerikanische Weizen wäre wesentlich selenreicher.

Die Qualität des Essens verbessern – Beim Einkaufen nach Nährstoffgehalt auswählen

Durch Umweltbelastung, durch die Gifte, die wir mit der Luft, durch Berührung und mit den Nahrungsmitteln aufnehmen, benötigen wir mehr Mineralstoffe und Spurenelemente als bisher angenommen wurde. Es gilt also, solche Lebensmittel zu essen, die eine hohe Dichte an essentiellen Nährstoffen, vor allem Selen und Vitamin E beinhalten.

Selen ist der entscheidende Stoff

Auch der schwedische Naturwissenschaftler S. O. Grönquist stellte fest, dass sofort nach Anlegen der Amalgamfüllungen der Quecksilberspiegel im Blutplasma steil ansteigt.

Alle Amalgamträger haben einen erheblich höheren Quecksilbergehalt im Blutplasma als Probanden ohne Amalgam in den Zähnen.

Doch mit dem Ansteigen nimmt der Selengehalt im Organismus ab. Ist nun nicht ausreichend für Nachschub an Selen gesorgt, lagert sich das Quecksilber genau an der Stelle ab, wo vorher das Selen konzentriert war.

Urheber der Körperstörungen: *freie Radikale*

Die Zufuhr von Quecksilber aus Amalgam führt zu einem Mangel an Selen. Das Immunsystem benötigt allerdings gerade **Selen.** Selen ist das Zentralatom für ein gutes Funktionieren vieler Enzyme. Denn die Enzyme wiederum helfen bei der Eliminierung der sog. *freien Radikalen*, die bei Oxydationsvorgängen entstehen und neben der krebserzeugenden Wirkung noch viele andere Schäden im Körper anrichten.

Bei vielen an Krebs operierten Menschen bilden sich *keine* Metastasen, wenn sie gute Selenwerte im Blut haben.

Was Quecksilber anrichten kann

Die Symptome einer Quecksilbervergiftung können vielseitig sein:

- Allergien
- Asthma
- Aufbrausen
- Bauchschmerzen
- Dauerweinen
- Depressionen
- Ekzeme
- Emotionelle und geistige Störungen
- Energielosigkeit
- Erröten
- Fußkribbeln
- Haarausfall
- hartnäckiger Schnupfen
- Hautrötung
- Infektanfälligkeit (häufig erkältet)
- Konzentrationsstörungen
- Kopfschmerzen
- Lockere Zähne
- Multiple Sklerose

- Menschenscheu
- Menstruationsbeschwerden
- Metallgeschmack im Mund
- Migräne
- Müdigkeit
- Muskelschmerzen
- Nervosität
- Nierenschwäche
- Probleme mit der Mundschleimhaut
- Probleme mit den Nebenhöhlen
- Rückenschmerzen
- Rückgang des Hämoglobingehalts
- Schlaflosigkeit
- schlechte Merkfähigkeit
- Schreckhaftigkeit
- Schüchternheit
- Schwindelgefühl
- Sehstörungen
- vermindertes Sehvermögen
- Speichelfluss, verstärkt
- Zahnfleischentzündung
- Zungenbrennen

Das Zunehmen der Quecksilbervergiftung ist nach Dr. Grönquist zum einen auf Ernährungsfehler, zum anderen auf den zunehmenden Umweltstress zurückzuführen.

Gelassener leben

Stress, Sorgen, Probleme, Verlust des Arbeitsplatzes, Verlust eines nahestehenden Menschen u. a. schwächen das Immunsystem, da wesentlich mehr Nährstoffe verbraucht werden, als bei einem Menschen, der relativ zufrieden, erfüllt und ausgeglichen lebt.

Sehr häufig ist z. B. zu beobachten, dass zwei Jahre nach Verlust eines Ehepartners der Zurückgebliebene an Krebs erkrankt. Die Sorgen über den Verlust haben die Nährstoff-Reserven, vor allem Selen, aufgezehrt.

Die Helden der Nation

Zahnärzte werden übrigens von den Wissenschaftlern als die eigentlichen Helden der Nation bezeichnet, da sie zum größten Teil eine um zehn Mal höhere Belastung an Quecksilber aufweisen als ihre Patienten.

Die durchschnittliche Lebenserwartung des Zahnarztes liegt bei 55 Jahren. Eine große Anzahl erkrankt bereits in der Mitte des Lebens an den Nieren, bzw. sie leiden unter den vielfältigsten Beschwerden.

Zahnarzt und Zahnarzthelferin sollten sich durch Mundschutz und Handschuhe, wie es Ärzte bei einer Operation auch tun, vor den giftigen Quecksilberdämpfen des Amalgams schützen. Selbstverständlich sollte das Amalgam so bald wie möglich durch andere Füllstoffe ersetzt werden.

Für alle Schwermetallbelastungen gilt:

Nur ein ausgezeichneter Stoffwechsel kann den Körper von Schlacken befreien und auch giftige Stoffe wieder ausscheiden. Deshalb muss die tägliche Nahrung eumetabolischen (stoffwechselaktivierenden) Charakter haben.

Achten Sie auf alle Fälle auf Frühsymptome:

dauerndes Unwohlsein, Kopfschmerzen, Schlaflosigkeit, Bauchschmerzen, Verstopfung, Gelenkschmerzen, Blutarmut und Depressionen.

Über die Haar-Mineral-Analyse (HMA) kann eine Bleivergiftung nachgewiesen werden. Danach sollten Sie sofort Ihre Ernährung umstellen, Nährstoffzusätze zur Stoffwechselanregung einnehmen und sich ein individuelles Nährstoff-Entgiftungs-Programm erstellen lassen und selbstverständlich Ihren Arzt aufsuchen.

LITERATURHINWEISE

Earl Mindel: *Die neue Vitamin-Bibel. Vitamine - Bausteine für ein gesundes, langes Leben*, Heyne Verlag

Sharon Faelten: *Gesund durch Vitamine*, Pietsch-Verlag

Irmgard Niestroj und Karl J. Pflugbeil von Herbig: *Vital Plus*, Herbig-Verlag

Jürgen K. Juchheim, Jutta Poschet: *Immun. Das Ernährungsprogramm zur Stärkung des Immunsystems*, BLV Verlag

Dr. Peter Schmidsberger: *Gesünder leben. Der kritische Ratgeber zur Gesundheitsvorsorge*, Mosaik-Verlag

Lothar Burgerstein: *Heilwirkung von Nährstoffen. Richtlinien für Gesundheit und Leistungsfähigkeit bis ins hohe Alter. Orthomolekulare Medizin*, Haug-Verlag

Beisel/Hoffmann: *Der Vitamin Report*, printul-Verlag

Siegfried Beck und Oetinger Ingeborg: *Durch Entsäuerung zu seelischer und körperlicher Gesundheit. Säuren-Basen-Gleichgewicht verhütet Zivilisationskrankheiten*

Adelle Davis: *Jeder kann gesund sein*, Hörnemann-Verlag (antiquarisch)

Pfeiffer: *Nährstofftherapie bei Geisteskrankheiten*, Haug-Verlag (antiquarisch)

Weitere Titel der Autorin:

Dr. Zimmermanns Standardwerk der Gesundheitsvorsorge und Eigentherapie

Beschwerden und Heilmittel von A bis Z, die zehn Gebote der Selbstbehandlung, die wichtigsten und besten Medikamente aus Ihrer Apotheke u. v. m.

ISBN 978-3-941708-75-4
284 Seiten, € 21,90.

Der Kampf mit dem Fett

Die Entscheidungsschlacht mit dem Einkaufswagen im Lebensmittelmarkt

mit H.U.G. – Dr. Zimmermanns Formel zur Gewichtsreduzierung

ISBN 978-3-941708-23-5
63 Seiten, € 7,90

Schlingen, die zum Leben führen - DER DARM

Blähungen • Verstopfung • Durchfall • Pilzbefall
Darmkultur • Darmsanierung selbst durchführen

ISBN 978-3-941708-72-3
80 Seiten, € 8,90

Finden Sie mehr unter www.gesunde-ecke.de

gesunde ECKE Wissen für Wohlergehen